市民と議員のための
自治体財政

これでわかる
基本と
勘どころ

森 裕之 著

自治体研究社

目次

市民と議員のための自治体財政
――これでわかる基本と勘どころ

はじめに

本書の意図

1　財政をわかりやすく理解するコツ

本書は誰もが自治体の財政を理解できることを目的に書かれています。そのために、これまでの地方財政の入門書で必ず出てきたような制度の詳しい解説等は省き、その根幹（＝基本中の基本）を理解してもらうことに注力しています。

本書では、「自治体財政」と「地方財政」という言葉を使い分けています。前者は個々の自治体の財政を指す場合に用います。後者はそれぞれの自治体財政が合算されたり、国全体としての自治体財政の仕組みを表現したりするときに使っています。本書が主眼においているのは自治体財政の理解です。これは本書が、読者の皆さんが自分たちの暮らしている自治体の公共サービスやお金の仕組みを理解し、その知識を地域のために使ってほしいということを願って書かれているためです。

地方財政の制度は細かくみれば毎年度変わっています。国の意図が変わる中で、異なる名称の補助金や地方債などがたくさんつくられています。それらに振り回されていてはきりがありませんし、そんな個別の制度にとらわれていては自治体財政の理解ができなくなってしまいます。その反対に、自治体財政の制度の根幹さえわかってしまえば、絶えず変更される細かい制度の理解は即座にできるようになります。本書が目的にしているのはまさにこの点にあります。

私たち一人ひとりが自治体財政を理解しようとする場合、制度そのものに向き合うよりも、もっと身近なお金の現象と比較しながら理解していく方がはるかに良い方法です。そのための最もふさわしい対象は「家計」です。私たちは財政には疎かったとしても、家計は誰もが日々経験しているものだからです。また、「企業」の方が自治体よりもずっとなじみのあるものですし、容易にイメージがつくものです。自治体財政の仕組みを家計や企業になぞらえることによって、その基本的で最も大切な部分は簡単に理解できるようになります。

このようにいうと、「財政と家計は違う」などと一刀両断に批判的におっしゃる方（とくに専門的知識を持つ方）が出てくるでしょう。自治体と一般家庭が異なるのは当然ですから、そんなことは言われるまでもありません。逆に、こういった専門の笠をかぶった感覚こそが、財政を理解しようという人々の思いをくじいてしまっているのです。専門家がいう財政と家計の違いなどは、筆者からみれば些細なものでしかありません。両者はいずれも毎月や毎年の「収入と支出」や「貯金と借金」[*1]から成り立っているのであり、根幹部分は全く同じなのです。細かい違いを知っていることが専門家であるというのであれば、専門家とは枝葉のことを単に知っているだけの存在だということになります。本当の専門家というのは、細かいことの知識をひけらかしたり、難しい用語を難しく説明したりするような人ではありません。対象とする事柄の何が本質的なことであるかをきちんと認識し、それをわかりやすく説明できる者が真の専門家です。皆さんが自治体の財政について勉強しようとしても、話や文章解説だけで理解できなかった経験がある場合には、それは伝える側の方がよくわかっていなかったり、そのための努力をしてこなかったりしたことにも大きな原因がある場合が多いのです。ですので、そのような経験があったとしても、決してあきらめずに本書を読み進んでいただきたいと思います。

本書は、枝葉の部分はできるかぎりカットして、自治体財政の根幹を理解できるようにしました。本書を読んでいただければ、読者の皆さんは自治体の財政は簡単な仕組みだったんだということがわかると思います。あとは、言葉の違いや細かな制度のことをその時々で確認していきさえすれば、自治体財政は手に取るようにわかるのです。この点について、少し事例をとりながらみていきたいと思います。

2　財政と家計の「言葉の違い」

私たちが財政と家計が違うという感覚をもってしまうのは、それらが同じものを違う言葉で表現していることに大きな原因があります。以下に、その代表的なものをみていきたいと思います。

(1)「歳出」と「支出」

そもそも私たちにとってなぜ「家計」が必要なのでしょうか。その答えは、私たちが暮らしていくためだからです。暮らしていくために必要なのは、私たちが食事をしたり、衣服を着たり、身体を洗ったり、病院へ行ったりすることです。これらは総称して「消費」と表現することができます。私たちは消費することを目的に家計をいとなんでいるのです。私たちが何かを消費するためには、それらを購入しなければなりません。そして、何かを購入するためには、その対価としてお金を「支出」する必要があります。

財政もまったく同じです。財政は住民が暮らしていくために必要なさまざまな公共サービスや公共事業のためにお金を「支出」しています。しかし、財政では支出は「歳出」という言葉に変わったりします。漢字から受ける感覚から、「歳出」が「支出」を意味することは容易に推測できますが、それだったらなぜそう呼ばないのかという疑問も残ってしまいます。実は「歳出」という言葉には「一会計年度における全ての支出」という技術的な意味が込められています。平たくいえば、1年間の全支出を表す言葉です。家計でいえば、「一か月間に支払った食費・光熱費・家賃・教育費・通信費等の全ての支出」ということになります。しかし、こんな説明は読者の皆さんにはまどろっこしいと思います。それは、「歳出」という言葉のもつ技術的な意味合いは、「支出」という本質からみれば本当に些末なことだからです。

ここで一言だけ「歳出」という言葉の実際の使い方について付言しておくと、歳出は全ての支出を表しますので、歳出の一部をなしている個々の公共サービスや公共事業への支出は「歳出」とはよびません。その場合には、一般的な「〇〇支出」や「〇〇費」などといった言葉が用いられ、例えば「教育支出」とか「社会保障費」のように表現されます。本書においても、この点については同様の言葉づかいをしていますが、このようなことに関しては皆さんの常識で判断してもらっても間違うことはありません。

(2)「歳入」と「収入」

これと同じことは、「歳入」についてもそのまま当てはまります。

家計がお金を支出するためには、どこからかお金を得なければなりません。これは一般的には「収入」とよばれます。私たちが日々の暮らしで経験しているように、「支出」と「収入」はセットの現象として理解することができます。これは財政でも全く同じです。

財政においては、収入のことを「歳入」とよんだりします。「歳出」の場合と同じく、これは「一会計年度における全ての収入」という意味です。家計に例えれば「一か月間に入ってきた給料・アルバイト代・年金収入・家賃収入・貯金の取崩しなど全ての収入」ということになります。

歳入の主な項目としては、国の場合には税金と借金、自治体の場合にはそれらに加えて国から支給される補助金等があります。そのため、歳入の中から税金による収入だけをあらわすときには「税収」や「租税収入」などといいます。補助金の場合には「補助金収入」と表現したりすることになります。この点も歳出と全く同じです。

この他にも財政と家計の言葉の違いはあちらこちらにみられますが、その内実は同一のものとみなして全く差し支えありません。財政と家計が同じ収入や支出の仕組みで成り立っているのですから、それらが同類であるのは当然です。大切なことは、家計という誰もが知っている仕組みを通じて財政をみることです。これが自治体財政の理解への一番の近道で確実な方法です。

3　決算カードを学ぶ――自治体財政の基本データ

ここで、本書で学ぶ自治体財政の全体像をみておきましょう。ここでそれを概観しておくことで、自治体財政について学ぶべき内容をあらかじめ把握し、皆さんの不安を先に取り除いておければと思います。

自治体財政の基本的なデータは、毎年度出される「決算カード」とよばれる一枚のカードに集められています。決算カードについて制度的な説明をすれば、毎年度国が実施する各自治体の決算状況の調査結果に基づいて、その基本的な内容をそれぞれの自治体ごとにまとめたものです。そこには、自治体の歳入、歳出、財政収支、財政指標などの状況が決算額に基づいて示されています。

決算カードの現物は**図表1**のようなものです。これは市区町村のものですが、都道府県でもほぼ同じ様式になっています。右上の方には各自治体名があり、それぞれの人口や産業構造などが上部にまとめられています。決算カードは2001年度分から国のホームページでも公開されていますので、大変便利です[*2]。

図表1では、決算カードのどこに何が示されているのかを枠で囲って示しています。少し順を追ってみていくと、まず左上には「歳入」があります。この歳入の中から、自治体にとって最も基本的な財源となる「地方税」を抜き出し、その内訳を示したものが中央上に位置している「地方税」の欄になります。これが決算カードにおける歳入項目の全体の姿になります。歳入については、第1章と第2章でみていきます。

決算カードの下段に目を転じれば、左下と中央下にはそれぞれ「性質別歳出」と「目的別歳出」という欄があります。第3章で詳しくみますが、これら二つの歳出は、同じ自治体の歳出を二種類の分類方法でまとめているだけのものです。したがって、この二つの歳出が対象とする範囲は同一のもので、当然ながら各総額は一致することになります。歳出でこのような二つの分類が必要な理由は、それぞれの特性に応じて異なった歳出の見方を可能にするためです。また、歳出の一部として「公営事業等への繰出」という欄が目的別歳出の下に小さく記載されています。これは先にみた性質別歳出の中から、自治体が運営している公営事業等（介護保険などの社会保険や水道事業などの公営企業など）に対して、さまざまなかたちで支出している金額を示しているものです。

カード（市町村）

産業構造		
区分	２７年国調	２２年国調
第１次	4,974	4,743
	0.8	0.8
第２次	124,429	124,162
	20.0	20.1
第３次	494,038	488,217
	79.2	79.1

都道府県名	団体名	市町村類型	政令指定都市
28	1000	地方交付税種地	1－9
兵庫県	神戸市		

財政収支

区分		平成２９年度（千円）	平成２８年度（千円）
収支状況	歳入総額	834,311,195	756,603,958
	歳出総額	825,439,627	743,996,812
	歳入歳出差引	8,871,568	12,607,146
	翌年度に繰越すべき財源	6,2[illegible],008	11,684,592
	実質収支	2,[illegible]57,560	922,554
	単年度収支	1,735,0[illegible]6	-333,274
	積立金	923,163	1,256,702
	繰上償還金	－	
	積立金取崩し額	922,518	1,224,927
	実質単年度収支	1,735,651	-301,499

税

（単位：千円・％）

構成比	超過課税分
88.4	3,688,418
88.4	3,688,418
43.6	3,688,418
0.9	
33.5	
2.0	
7.2	3,688,418
40.8	
40.5	
0.6	
3.4	
－	
0.0	
－	
11.6	
11.6	
0.1	
3.3	
8.2	
－	
－	
－	
100.0	3,688,418

指定団体等の指定状況	
旧新産	×
旧工特	×
低開発	×
旧産炭	×
山振	×
過疎	×
首都	×
近畿	○
中部	×
財政健全化等	×
指数表選定	○
財源超過	×

区分		職員数（人）	給料月額（百円）	一人当たり平均給料月額（百円）
一般職員等	一般職員	10,734	34,745,958	3,237
	うち消防職員	1,463	4,664,044	3,188
	うち技能労務員	2,072	7,098,672	3,426
	教育公務員	7,354	26,562,082	3,612
	臨時職員	－	－	－
	合計	18,088	61,308,040	3,389
ラスパイレス指数				101.0

一部事務組合加入の状況			
議員公務災害	×	し尿処理	×
非常勤公務災害	×	ごみ処理	×
退職手当	×	火葬場	×
事務機共同	×	常備消防	×
税務事務	×	小学校	×
老人福祉	×	中学校	×
伝染病	×	その他	○

特別職等	定数	適用開始年月日	一人当たり平均給料（報酬）月額（百円）
市区町村長	1	15.04.01	11,280
副市区町村長	3	15.04.01	9,435
教育長	1	27.04.01	8,300
議会議長	1	18.04.01	11,400
議会副議長	1	18.04.01	10,400
議会議員	67	18.04.01	9,300

目的別歳出

（目的）別歳出の状況（単位：千円・％）

決算額（A）	構成比	（A）のうち普通建設事業費	（A）の充当一般財源等
2,057,902	0.2	－	1,984,952
48,068,606	5.8	3,511,031	39,085,878
303,137,280	36.7	4,544,132	143,609,864
65,365,228	7.9	5,488,093	37,814,192
1,440,578	0.2	6,896	296,507
4,705,990	0.6	969,718	3,179,216
12,184,670	1.5	619,877	4,716,860
100,563,575	12.2	53,939,279	39,466,084
18,624,260	2.2	2,082,268	16,642,407
141,274,059	17.1	21,039,172	101,388,186
417,835	0.1	－	271,935
119,354,079	14.5	－	106,314,188
8,845,565	1.1	－	8,845,565
－	－	－	
825,439,627	100.0	92,200,466	503,015,834

各種財政指標

区分		平成２９年度（千円）		平成２８年度（千円）	
基準財政収入額		254,072,557		224,208,070	
基準財政需要額		321,142,508		277,048,270	
標準税収入額等		320,718,263		290,858,628	
標準財政規模		437,141,160		384,939,904	
財政力指数		0.80		0.80	
実質収支比率（％）		0.6		0.2	
公債費負担比率（％）		20.7		22.5	
健全化判断比率	実質赤字比率（％）	－			
	連結実質赤字比率（％）	－			
	実質公債費比率（％）	6.6		7.4	
	将来負担比率（％）	[illegible]		80.0	
積立金現在高	財政調整	[illegible]		[illegible]	
	減債	[illegible]		[illegible]	
	特定目的	19,084,429		25,415,611	
地方債現在高		1,089,327,502		1,094,237,399	
債務負担行為額（支出予定額）	物件等購入	82,105,206		95,273,069	
	保証・補償	33,537			
	その他	72,961,287		55,726,540	
	実質的なもの	－			
収益事業収入		6,105,328		5,798,581	
土地開発基金現在高		15,260,047		15,609,080	
徴収率（％）〔現年・計〕	合計	99.3	98.1	99.3	97.9
	市町村民税	99.1	97.8	99.1	97.5
	純固定資産税	99.4	98.4	99.3	98.1

事業 出

74,708,558
[illegible]
6,797,720
1,327,265
486,060
15,927,399
41,324,549

国民健康保険事業会計の状況		
実質収支		－
再差引収支		3,082,673
加入世帯数（世帯）		219,307
被保険者数（人）		334,917
被保険者1人当り	保険税（料）収入額	86
	国庫支出金	116
	保険給付費	325

図表1　決算

平成29年度 決算状況			
人口	27年国調	1,537,272	人
	22年国調	1,544,200	人
	増減率	-0.4	%
面積		557.02	km²
人口密度		2,760	人

区分	住民基本台帳人口	うち日本人
30. 1. 1	1,542,935 人	1,496,055 人
29. 1. 1	1,546,255 人	1,501,113 人
増減率	-0.2 %	-0.3 %

歳入

歳入の状況（単位：千円・%）

区分	決算額	構成比	経常一般財源等	構成比
地方税	273,490,170	32.8	251,108,042	61.8
地方譲与税	4,894,709	0.6	4,894,709	1.2
利子割交付金	523,020	0.1	523,020	0.1
配当割交付金	1,881,288	0.2	1,881,288	0.5
株式等譲渡所得割交付金	1,898,709	0.2	1,898,709	0.5
分離課税所得割交付金	281,810	0.0	281,810	0.1
道府県民税所得割臨時交付金	29,425,381	3.5	29,425,381	7.2
地方消費税交付金	26,906,600	3.2	26,906,600	6.6
ゴルフ場利用税交付金	375,657	0.0	375,657	0.1
特別地方消費税交付金	-	-	-	-
自動車取得税交付金	1,444,101	0.2	1,444,101	0.4
軽油引取税交付金	6,257,181	0.7	6,257,181	1.5
地方特例交付金	1,220,180	0.1	1,220,180	0.3
地方交付税	68,753,755	8.2	66,816,607	16.5
内訳 普通交付税	66,816,607	8.0	66,816,607	16.5
内訳 特別交付税	1,936,853	0.2	-	-
内訳 震災復興特別交付税	295	0.0	-	-
（一般財源計）	417,352,561	50.0	393,033,285	96.8
交通安全対策特別交付金	500,063	0.1	500,063	0.1
分担金・負担金	8,191,354	1.0	-	-
使用料	32,563,790	3.9	5,301,610	1.3
手数料	4,474,344	0.5	125,571	0.0
国庫支出金	156,258,237	18.7	-	-
国有提供交付金（特別区財調交付金）	-	-	-	-
都道府県支出金	38,029,875	4.6	-	-
財産収入	7,488,526	0.9	856,965	0.2
寄附金	922,538	0.1	-	-
繰入金	14,438,744	1.7	-	-
繰越金	12,607,146	1.5	-	-
諸収入	44,364,117	5.3	6,309,688	1.6
地方債	97,119,900	11.6	-	-
うち減収補塡債（特例分）	-	-	-	-
うち臨時財政対策債	49,605,000	5.9	-	-
歳入合計	834,311,195	100.0	406,127,182	100.0

地方税

市町村税の状況（

区分	収入済額
普通税	241,737,411
法定普通税	241,737,411
市町村民税	119,141,107
内訳 個人均等割	2,471,213
内訳 所得割	91,531,948
内訳 法人均等割	5,542,007
内訳 法人税割	19,595,939
固定資産税	111,590,365
うち純固定資産税	110,802,691
軽自動車税	1,565,034
市町村たばこ税	9,426,658
鉱産税	-
特別土地保有税	14,247
法定外普通税	-
目的税	31,752,759
法定目的税	31,752,759
内訳 入湯税	306,021
内訳 事業所税	9,064,610
内訳 都市計画税	22,382,128
内訳 水利地益税等	-
法定外目的税	-
旧法による税	-
合計	273,490,170

性質別歳出

性質別歳出の状況（単位：千円・%）

区分	決算額	構成比	充当一般財源等	経常経費充当一般財源等	経常収支比率
人件費	185,511,659	22.5	162,595,449	161,587,633	35.5
うち職員給	135,200,143	16.4	113,073,037	-	-
扶助費	206,251,654	25.0	64,098,798	63,883,694	[illegible]
公債費	118,720,582	14.4	105,680,691	105,680,691	[illegible]
内訳 元利償還金 元金	102,029,797	12.4	91,543,130	91,543,130	20.1
内訳 元利償還金 利子	16,690,785	2.0	14,137,561	14,137,561	3.1
内訳 一時借入金利子	-	-	-	-	-
（義務的経費計）	510,483,895	61.8	332,374,938	331,152,018	[illegible]
物件費	74,820,367	9.1	42,965,919	42,235,093	9.3
維持補修費	3,220,366	0.4	2,258,348	2,243,805	0.5
補助費等	55,051,314	6.7	44,143,298	36,208,052	7.9
うち一部事務組合負担金	28,173	0.0	28,173	28,173	0.0
繰出金	59,782,409	7.2	48,583,126	41,125,253	9.0
積立金	3,784,496	0.5	279,642	-	-
投資・出資金・貸付金	25,678,479	3.1	2,627,606	-	-
前年度繰上充用金	-	-	-		
投資的経費	92,618,301	11.2	29,782,957		
うち人件費	1,484,122	0.2	1,316,638		
内訳 普通建設事業費	92,200,466	11.2	29,511,022		
内訳 うち補助	37,172,514	4.5	2,662,619		
内訳 うち単独	47,793,956	5.8	26,112,603		
内訳 災害復旧事業費	417,835	0.1	271,935		
内訳 失業対策事業費	-	-	-		
歳出合計	825,439,627	100.0	503,015,834		

経常収支比率

経常経費充当一般財源等計	452,964,221 千円
経常収支比率（減収補塡債（特例分）及び臨時財政対策債除く）	[illegible] %
歳入一般財源等	511,194,458 千円

経常収支比率

目

目的別

区分
議会費
総務費
民生費
衛生費
労働費
農林水産業費
商工費
土木費
消防費
教育費
災害復旧費
公債費
諸支出金
前年度繰上充用金
歳出合計

公営

繰

繰出	公営事業等への
	合計
	交通
	下水道
	宅地造成
	と畜場
	国民健康保険
	その他

出所：総務省「市町村決算カード」（2017年度）より筆者作成

次に、右上には「財政収支」という欄があります。収支とは簡単にいえば「黒字か赤字か」ということです。つまり、ここにはその自治体の財政が黒字なのか赤字なのかが示されているわけです。しかし、黒字、赤字といっても、見方によって一つだけであるとはかぎりません。例えば、ある自治体の歳出が歳入を上回っている場合には、普通は赤字と判断されそうです。しかし、この自治体がもしも積立てていた基金（貯金）を取り崩して歳入の不足額を補てんしたらどうなるしょうか。この段階では、歳入と歳出は同じになりますので、財政の収支は均衡して赤字ではなくなってしまいます。ですので、収支といっても、どの段階でどのようにみるかによって、黒字か赤字かの判断は変わってくることになるのです。こうしたことを踏まえて、この財政収支の欄でも複数の指標が示されているわけです。財政収支については、実際の自治体の事例もまじえながら第4章でわかりやすく説明していきます。

右下には「各種財政指標」と名付けた欄があります。また、性質別歳出の内側には大きく二か所に「経常収支比率」があります。これも大切な財政指標の一つです。これらはいずれも各自治体の財政がどのような状態になっているのかをみるための基準となるものです。

自治体の財政にとって何が最も大切なのかといえば、先にみた財政収支ということになります。これも後に詳しくみますが、自治体は財政収支が赤字を続けてはならないのです。この点も家計や企業と全く同じことで、赤字の継続は自治体という組織そのものが早晩消滅することを意味します。ところが、何が原因となって赤字が発生するのかは、自治体によって様相が異なります。例えば、借金の返済が大きいためか、人件費がかさんでいるためか、公営事業等に対する財政負担が大きいためかなど、財政赤字の要因にはいくつか考えられることがあります。それらを含めて、さまざまな指標からその自治体の財政の特徴を示しているのが、これらの財政指標であると考えればよいのです。

ここで、決算カードがカバーしている情報の範囲について述べておきます。家計でも企業でもそうですが、それぞれのお金の出し入れの中心となっている会計の本体部分と、何かの理由があって会計の本体部分とは切り離して管理している特別な会計の部分が存在することが多くあります。自治体の財政も同じで、メインのお金の出し入れを管理する「一般会計」と特定のお金のやりくりを管理する「特別会計」とに分けられています。自治体の特別会計は国民健康保険、介護保険、上下水道、病院、交通などの「公営事業会計」とよばれるものがほぼ全てを占めています。決算カードはこの「一般会計」を中心とした情報を集めたもので、自治体の財政本体の姿が示されています。正確にいえば、決算カードをはじめとして自治体の「財政」という場合には、「一般会計」に加えて、わずかに存在する公営事業以外の特別会計（例えば住民へお金を貸与するための特別会計など）を合わせたものを指しており、これを「普通会計」とよんでいます。決算カードの財政収支や財政指標もこの「普通会計」の範囲をとりあげています。しかし、実際には「一般会計」と「普通会計」の範囲の違いはごく小さいものですので、一般会計≒普通会計と理解して全く問題はありません。自治体財政の情報でも「一般会計」と「普通会計」という言葉が出てきたりしますが、「同じことを言っているのだな」と思っていただいて大丈夫です。逆に「特別会計」という言葉が出てきたら、それは「公営事業会計」のことをいっているのであり、私たちの暮らしと深い関係がある国民健康保険や水道のことを指していると考えてください。ここでも特別会計≒公営事業会計と理解すれば大丈夫です。以上長々と会計区分について説明してきましたが、要するに、

①一般会計≒普通会計……………自治体財政の本体の部分
②特別会計≒公営事業会計…………自治体財政の特別の部分

というかたちで理解し、自治体の財政とはこの二つから成っているのだということさえ押さえていただければ大丈夫です。

本書では、この決算カードに書かれている項目を徹底的に理解し、自治体財政の基本（＝土台）をマスターしてもらうことを大きな狙いにしています。決算カードの中にはかなり細かい情報まで盛り込まれていますが、それらを全て学ぶ必要はありません。決算カードの項目のメインの部分のみをしっかりと理解して、それ以外のところは必要が出てくるたびに調べればよいだけのことです。その意味では、読者の皆さんには安心して本書の内容をマスターすることだけを考えていただければと思います。

読者の皆さんの中には国民健康保険や病院などの公営事業会計の方に関心がある方もおられると思います。これらの情報については、決算カードでは普通会計から公営事業会計に繰り出したお金に関するものなど、普通会計との関係であらわれる部分のみが記されています。公営事業会計を詳

しくみたい場合には、これらの会計ごとに事業報告や決算報告などが別途まとめられていますので、それらをみることによって詳しい内容がわかるようになっています。

4　地方財政状況調査表——決算カードより詳しく調べたい場合

このように、決算カードには各自治体の財政の基本が集められています。ですので、この内容の基本的な部分さえ身につければ、自治体財政についてはほとんど理解できたと考えてかまいません。

しかし逆にいえば、自治体財政の基本となる部分以外のことについては、この一枚のカードには記載されていないということになります。一例を挙げると、目的別歳出の中にある「民生費」という項目があります。民生費は平たくいえば福祉のための支出なのですが、福祉といっても対象が高齢者なのか（老人福祉）、子どもなのか（児童福祉）、貧困者なのか（生活保護）などさまざまです。しかし、決算カードに書かれている民生費の項目にはこのような内訳が見当たりません。もし自分が子育て支援に関心があり、児童福祉についての財政に関して調べたいと思っても、決算カードだけではそこへたどり着くことができません。また、普通会計から公営事業会計に繰出しを行っている場合に、それが一体どのような目的で繰り出されているのかは決算カード上ではわかりません。

このようなときに力を発揮するのが、これも自治体ごとに共通フォーマットで取りまとめられている「地方財政状況調査表」です。この地方財政状況調査表は一般に決算統計とよばれているものです。実は決算カードとは、この地方財政状況調査表の中から中心となる項目のみを抽出して記載したものなのです。逆にいえば、（決算からみた）自治体財政のすべての情報が含まれているのが地方財政状況調査表なのです。これは100頁近い分量の冊子で、どの自治体にも自分たちの地方財政状況調査表があります。自治体の中には、地方財政状況調査表をそのままインターネット上で公開しているところもあります。

この地方財政状況調査表のデータもすでに国のホームページで公開されています。*3 しかし、それは地方財政状況調査表がそのまま冊子のように公開されているのではなく、個別のデータにアクセスするためのものとして項目ベースでつくられています。そのため、特定のデータを利用して何かを分析しようとするような場合を除いては、なかなか気軽にみてみようという気にならないと思います。好みの問題もあるでしょうが、やはり紙ベースの冊子体としてパラパラとめくって全体を見ることのできる方が、自治体財政を学ぶ際にはふさわしいといえます。そこで、地方財政状況調査表についてはぜひ各自治体の財政当局で手に入れておくことをおすすめします。冊子としてなくても、自治体のパソコンの中に入っている冊子ベースのデータを印刷すればよいだけなので、それを担当課に打ち出してもらえば同じことです。繰り返しになりますが、地方財政状況調査表はすでに国によって公開されているデータなので、自治体がこれを渡すのを拒むことはありえません。

それでは、いよいよ次章以降で自治体財政の基本を学んでいきたいと思います。

注

1　正確には銀行等に預けるお金のことを「預金」といいますが、本書では一般的な呼称としてすべて「貯金」として呼ぶことにします。

2　http://www.soumu.go.jp/iken/zaisei/card.html。決算カード等について詳細に説明したものとしては、例えば大和田一紘・石山雄貴『四訂版 習うより慣れろの市町村財政分析』（自治体研究社、２０１７年）があります。

3　総務省のホームページで「地方財政状況調査個別データ」として公開されています。また、これを使った財政分析については、武田公子『データベースで読み解く自治体財政』（自治体研究社、２０１８年）が参考になります。

第1章 歳入の基本

家計で理解する

1　歳入の概略

本章と次章では、自治体の歳入についてみていきます。

家計と同じように、自治体の財政も歳入（収入）と歳出（支出）の両面で成り立っています。このうち、どちらが理解するのが大変かといえば、それは間違いなく歳入の方になります。

地方議員の方が政治の場に出られる動機にはいくつかのケースがあると思いますが、多くの方は「子育て支援をしたい」「教育を充実させたい」「市街地の再開発を進めたい」といった思いが中心だったのではないでしょうか。住民の方が自治体財政に関心をもつ場合でも、これと同じような動機が発端になっていると思います。これらはいずれも自分たちの住む地域の暮らしを良くするために、公共サービスや公共事業を行うこと、つまり歳出（支出）を増やすことに直接的な関係があります。

これらは基本的には、自分の関心のある分野へ回すためのお金を増やすことが目的となるのであって、比較的単純でわかりやすいものだといえるでしょう。

それに対して、歳入（収入）の方に強い関心をいだいて議員になるという方は非常にまれでしょう。歳入に関心があるということは、その背後に自治体の財政危機を何とかしたいという気持ちがあると考えられます。それは「自治体の財政状況を改善したい」という思いにほかならないのですが、これは地域の暮らしに直接関係するものではありません。ですので、歳入に関心をもって議員になられる方はきわめて少数だと思われます。そのために、歳入については全体として関心が向きにくく、その理解についてもおろそかになる傾向があります。

さらに、給料が収入のほぼ全てを占める一般の家計とは異なり、自治体の歳入はさまざまな収入項目から成り立っています。家計の給料に当たるものが自治体では税金（地方税）ということになるのですが、その割合は一般的な家計の給料と比べるときわめて少なくなっています。その状況を示したのが**図表2**です。これをみれば、「地方税」は4割にも満たない割合しかなく、その他の各種の収入項目が残りの大部分を占めていることがわかります。

この図の中で、「地方税」は税金、「地方債」は借金ということは何となく理解できると思います。それは言葉から内容を直接連想できるからですし、実際にもそれで間違いありません。しかし、残りの「地方交付税」や「国庫支出金」というのは理解が困難です。とくに地方交付税は「税」という名称がついていますが、これは税金ではありません[*1]。自治体の立場からみれば、地方交付税は国

図表２　地方財政の歳入の内訳（2017年度決算）

（単位：億円）

主な一般財源				
地方税	地方交付税 地方譲与税等	国庫支出金	地方債	その他
399,044 (39.4%)	193,060 (19.0%)	154,650 (15.3%)	106,449 (10.5%)	160,030 (15.8%)

地方歳入 101兆3,233億円

出所：総務省資料より筆者作成

から配分される財源であって、地方税のような「税」ではありません。このような専門用語のもつ不適切さの中にも、自治体財政を理解するハードルの一因があります。制度的にも地方交付税は他の歳入項目に比べれば少し構造的な部分があるため、即時的に理解することができなくなっています。

後から説明するように、この図の「地方税」と「地方交付税」のところに「一般財源」という用語を付していますが、これが自治体財政にとってきわめて大切な意味をもっています。地方交付税を理解することは、この「一般財源」という意味においても大変重要なものとなっています。それが用語や制度によって理解が妨げられているとすれば、地方自治の観点からは大変問題だといえます。同じようなことは、なじみのない用語である「国庫支出金」にも当てはまります。国庫支出金というといかにも仰々しいのですが、その実態は単純な「補助金」にほかなりません。

これらの歳入項目をそのままいくら文章で説明しても、地方財政になじみのない方にはすぐに頭に入ってくるものではありません。もちろん「読書百遍意自ら通ず」（難しい本でも何回も読めば意味がわかる）といいますので、国や自治体が出している財政の解説や専門的な本でも何度か繰り返し読んでいれば、最終的にはすべて理解できるようになるかもしれません。しかし、地方財政を専門に勉強しようとする学生や、自治体財政に関する業務を仕事としている公務員などを除くと、財政を理解するために膨大な時間を集中的に費やす余裕はなかなか持てるものではありません。しかも、実際に経験された方も少なくないと思いますが、いったん知識として身につけたと思っても、それをすぐに忘れてしまうというやっかいな問題が自治体財政の学習には顕著なかたちであらわれます。この傾向は誰にでも例外なく起こるもので、「私には能力がない」などと即断するのは間違いです。その原因は、普段なじみのない自治体財政についての「本質をわかりやすくつかむ」という基本のところができていなかったことにあります。この傾向はとくに歳入においてより強くあらわれます。逆にいえば、本質的なところさえつかんでしまえば、自治体財政の仕組みやそれに付随する言葉などもしっかりと身につけることができます。

以下では、これらの自治体の歳入の本質をつかんでもらうために、すべて家計に置き換えて話を進めたいと思います。家計であれば誰にでもわかりますので、これに例えて理解すれば、自治体の歳入の意味や仕組みは簡単に身につけることができるのです。これが本書の大きな特長にもなっていいます。その上で、実際の自治体の歳入の制度に関する中身については、第2章の方でみていくことにします。

2　家計で歳入を理解する

（1）　家計と自治体のイメージ

図表3はある家族の家計を示したものです。また、各家計の項目の下に記したカッコ内の言葉は実際の自治体財政の項目をあらわしています。この図を使って、自治体の歳入項目を理解していきたいと思います。少し複雑そうにみえますが、中身は非常に単純ですので、安心してついてきてください。順を追って説明していきますので、以下の叙述は絶えずこの図を参照しながら読み進めていってください。

まず、この図の中心となる家計の家族構成は、父、母、息子3人（大学生、高校生、中学生）とします。そして、父にはご両親（息子3人からみれば祖父母）がおられます。ここで、父の家計を「息子夫婦世帯」、父の両親の家計を「両親世帯」とよぶことにします。この息子夫婦世帯が自治体、両親世帯が国にあたります。読者のみなさんは、自分が息子夫婦世帯の父ないしは母であるとイメージしてください。この家計のモデルをわかりやすくするために、息子夫婦世帯で働いている（所得を得ている）のは父だけであるということにしたいと思います。また、後の話との関係で、この父の働いている職場は両親の紹介であったとします。

図表３　自治体の歳入（家計による理解）

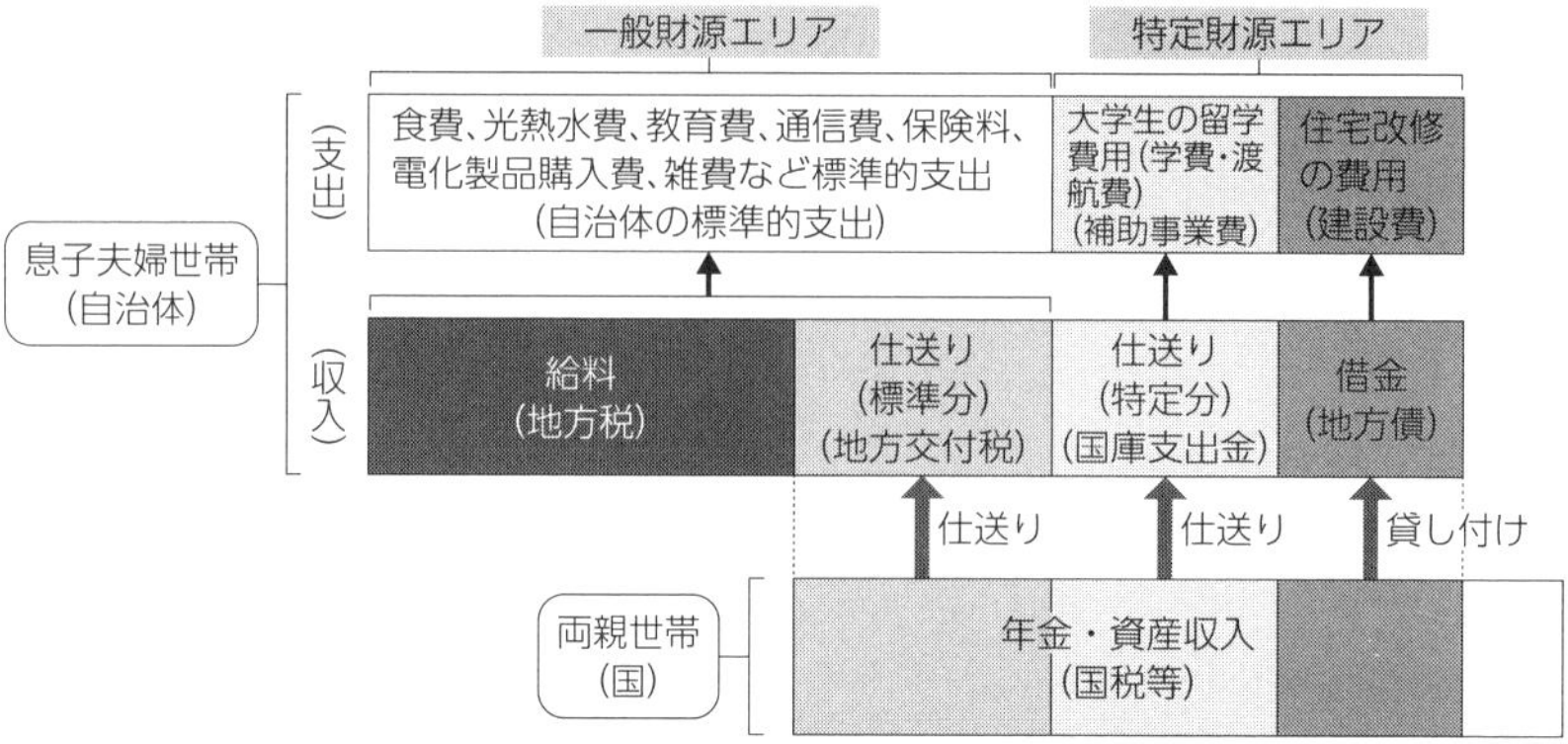

出所：筆者作成

（２）家計と自治体の標準的支出

さて、家計は家族の暮らしを維持することを目的として運営するものです。そのためには、物やサービスの購入＝消費を行うことが必要です。各家計は家族の人数や構成によって、それに見合った標準的な消費水準というものがあります。この息子夫婦世帯も同じように、家族構成にかなった水準の消費を行っています。例えば、食費、光熱水費、教育費、通信費、保険料、電化製品購入費などは、どのような家計においても標準的な消費を構成する中心的なものでしょう（息子夫婦世帯の支出の左部分）。これを家計の「標準的支出」とよんでおきましょう。育ち盛りの子どもが３人いる家計では食費や教育費の負担が大きくなりますが、それは同じ家族構成をもつ家計としてはまったく標準的なものです。

自治体の場合においても、それぞれの自治体の人口構成や産業構造にあった「標準的支出」が実際に存在します。図の同じ部分に記したカッコ内の「自治体の標準的支出」というのがこれをあらわしています。この標準的支出という言葉は正式な行政用語ではありませんが、現実の自治体財政の制度と運営において最も中心的な意味をもつ考え方です。

ここで難しく考える必要はまったくなく、「それぞれの家計に見合った標準的な消費水準があるように、各自治体にもそれぞれに標準的な支出があるのだなぁ」という常識的な点だけを頭に置いておいていただければかまいません。

3　歳入の説明

(1)　地方税＝給料

多くの家計では、このような家計の標準的支出は仕事で得た給料によってまかなわれています。つまり、標準的支出よりも給料の方が多いのが普通の状態であるといえます。

ところが、先ほどみていただいた息子夫婦世帯の「標準的支出」とその下にある収入の「給料」の部分をみてください。この家計では家族の生活に必要な標準的支出よりも給料の方が少ないという事態が発生しています。収入のところの「標準的支出」の大きさよりも支出のところの「給料」の部分の方が短くなっているのはこのことを表しています。

この家計の給料にあたるのが、自治体にとっては「地方税」にほかなりません。つまり、自治体の住民が暮らしていくのに必要な標準的支出をまかなう役割をもつのが地方税なのです。しかし、この家計と同じように、実際には大部分の自治体が自前の地方税だけでは標準的支出をカバーできていません。これは自治体が財政運営をおろそかにしているわけではなく、国全体の制度としてこのような状況を前提とした運用がなされているのです。

（2） 地方交付税＝仕送り（標準分）

ここでさっそく歳入項目の中では一番わかりにくい「地方交付税」について理解する段階になりました。この家計では標準的支出に対して給料の方が少ないため、それだけでは家計はいわゆる赤字となってしまいます。このような状態が続けば、この家計は早晩破たんすることが避けられません。この場合に家計が取ることのできる方策は、①標準的支出を減らす、②収入を増やす、の二つしかありません。この家計の場合、子どもたちのことを考えると標準的支出を減らすことはむずかしく、しかも母や息子たちが働くこともできないと考えます。

そこで、父が両親世帯に家計の相談に行ったとします。自分の息子の家計の話をきいた両親世帯は、この相談内容に心を痛めます。それは、自分の息子の給料が少ないことの原因が、その職場を紹介した自分たちにほかならないと考えたからです。そこで両親は父（息子）に対して「（標準的支出に比べて）給料が少ないのは私たちの責任だ。したがって、お前の家計の標準的支出に対して給料が不足している分については、私たちの責任として毎月仕送りをさせてもらう」といいます。そして、両親世帯は毎月必要となる給料の不足分を月々の標準的な仕送りとして息子夫婦世帯に家計を補てんしてやることになります。これで息子夫婦世帯は給料＋仕送り（標準分）の収入を得て、ようやく標準的支出をまかなうことができるようになりました。

この「仕送り（標準分）」が「地方交付税」に相当します。つまり地方交付税とは、自治体が標準的支出を行ううえで、地方税が不足している分を国が自らの責任として補てんしているものにほかならないものです。国の責任というのは、その根本には日本国憲法で規定されている生存権・生活権等を支える義務が国にあること、そして地方税法等の国の方針によって自治体の税収水準が決まってくることという二つの点から生じているものです。

私はこの地方交付税の仕組みについて説明するために、よくペットボトルを事例に用いています（**図表4**）。個人には身体を維持するために必要な水分の量があります。その量がこのペットボトルの大きさであるとします。ところが、この中に入っている水の量はペットボトルの大きさに比べて少なくなっています。健康に生きていくためには、その不足分が補われなければなりません。

自治体の場合もまったく同じです。自治体が地域住民の健康で文化的な生活を維持するためには、標準的支出（＝ペットボトルの大きさ）をまかなうだ

図表4　自治体の標準的支出と地方交付税

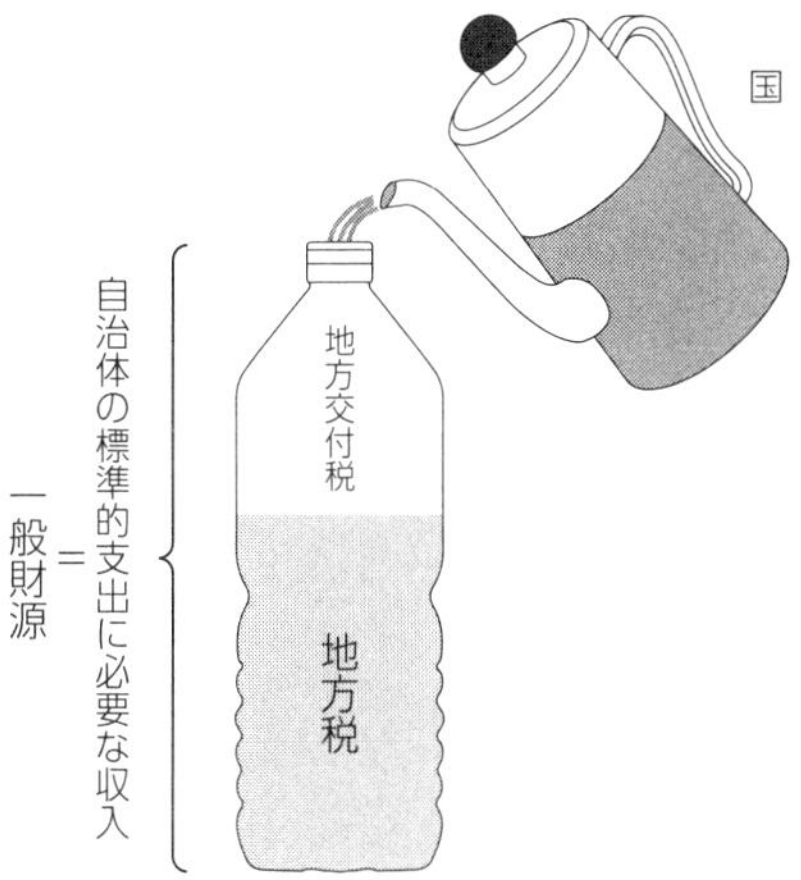

出所：筆者作成

けの収入がなければなりません。しかし、自治体の地方税が不足している場合には、それを国が自らの責任として自治体の標準的支出に必要な収入に達するまで、地方税が不足している分の財源を補てんしてやる義務があります。この財源こそが地方交付税にほかならず、ことさらにむずかしく考える必要はまったくありません。このような制度の意味する内容については、実際の地方交付税に関連する種々の専門用語にもあらわれています。例えば後にみるように、地方交付税制度には「基準財政需要額」という言葉が出てきますが、これはここでいう「標準的支出」のことをあらわしています。こうした実際の制度や用語については、現実の地方交付税の説明を行う次章でみていくことにします。繰り返しになりますが、本章では専門的な言葉ではなく、その仕組みの意味についてしっかりと理解していただければと思います。

(3) 国庫支出金＝仕送り(特別分)

ここで、両親世帯の仕送り(標準分)によって月々の標準的支出をまかなっていた息子夫婦世帯に「事件」が起こります。それは、大学生の長男がアメリカに留学したいと言い出したことです。現在、海外に留学するというのはそれほど特殊なことではなく、短期・長期を含めると多くの日本人学生が留学するようになっています。その意味では、留学は「事件」といってもかなり標準的なものになりつつあります。ここでは自治体財政でいう「国庫支出金」という歳入項目についてみますが、その場合でもこれが充当される目的となっている歳出の内容はさほど特殊な分野でないことは留意しておいていただければと思います（同じ種類の国庫支出金が多くの自治体の収入となっているのはそのためです）。

さて、長男が留学するということは、この家計の支出がそれだけ増えることを意味します。先の**図表3**（28頁）の息子夫婦世帯の「支出」の中にある「大学生の留学費用（学費・渡航費）」がこの支出の増えた部分をあらわしています。この部分は、それまでの給料＋仕送り（標準分）の収入だけではまかなえません。

そこで、息子夫婦世帯がまた両親世帯に相談をもちかけます。すると両親は「このグローバル化の時代に若いときから留学して見聞を広めておくことは大切なことだ。そのための学費と渡航費は私たちが負担しよう」といってくれたとします。これが息子夫婦世帯の「収入」の中に含まれている「仕送り（特定分）」の部分になります。

この仕送り（特定分）が先にみた仕送り（標準分）と異なっているのは次の点です。仕送り（標準分）は、漠然と「標準的支出のために必要な仕送り」として両親世帯が支出していたものです。その使い道については、「半分は食費、三割は教育費、二割は通信費として使いなさい」などという指示はありません。そのため、息子夫婦世帯は自分たちのその時々の状況に合わせて「今月は通信費を少し抑えて外食しよう（＝食費を増やす）」とか「電化製品の購入を我慢して、子どもの夏期講習代（教育費）に充てよう」といったお金の使い道を自分たちで決定できます。ところが、この仕送り（特定分）の方は「孫の留学費用のため」ということで両親世帯が息子夫婦世帯に支出するもの

図表5　国庫支出金（補助金）の基本的な仕組み（家計による理解）

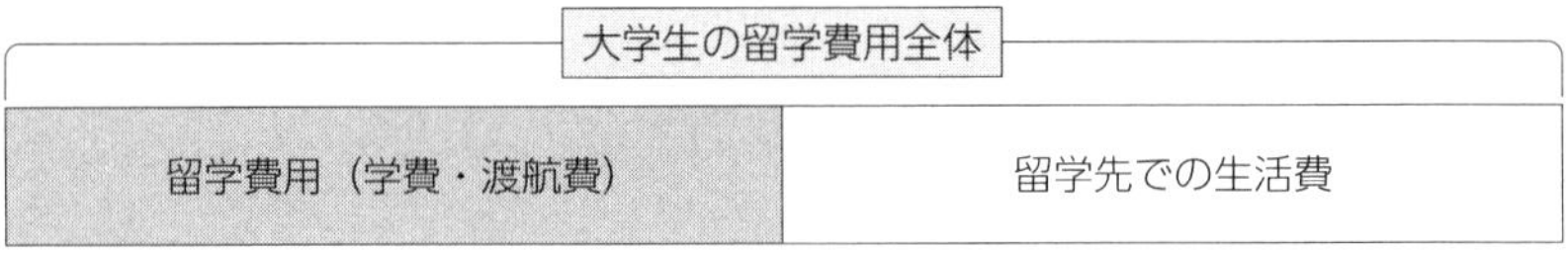

出所：筆者作成

ですから、それを息子夫婦世帯が勝手に外食や旅行といった別の用途に使うことはできません。つまり、この仕送り（特定分）は使途が特定の項目に限定されているのです。「仕送り（特定分）」とよんでいるのはそのためです。

この仕送り（特定分）こそが、自治体財政において「国庫支出金」とよばれるものにほかなりません。国庫支出金は一般的には国から自治体への「補助金」といわれるもので、言葉は違いますがまったく同じものを指しています。この家計での例と同じく、自治体の場合も国から受けた国庫支出金については使途が決められています。そのため、国庫支出金を別の使途に回すこと（流用）は一部の例外を除いては認められていません。

ここでもう一つ大切な説明を付け加えておきたいと思います。この留学で両親世帯が負担してくれたのは留学費用のうちの学費と渡航費のみです。それ以外に留学先でかかる食費や光熱水費などの生活費はやはり両親世帯が負担しなければなりません。そのため、息子夫婦世帯が家計の標準的支出のうち長男に対して使っていた部分はそちらへ振り向けられることになります。この息子夫婦世帯の支出と両親世帯の特別の支出とを組み合わせて、長男は留学という目的を果たすことができるのです（**図表5**）。

この仕組みは実際の自治体の国庫支出金についてもまったく同じです。自治体が国から受ける国庫支出金はごく一部の例外を除けば、事業にかかる費用の100%をカバーしてくれることはありません。国の国庫支出金は事業費の2分の1（50%）を基準に交付されますので、その残り部分は自治体の標準的支出をまかなう「地方税＋地方交付税」等の「一般財源」で負担しなければならないと考えてください。この事業費全体のうち国庫支出金でカバーされる割合のことを「補助率」といいます。つまり、国から国庫支出金をとってくると、それに見合ったお金を自治体は支出しなければならないことがわかります。これは、長男の留学を実現するために、両親世帯からの学費・渡航費に加えて、息子夫婦世帯が長男の留学先での生活費を支出しなければならないこととまったく同じです。

このような国庫支出金（補助金）の仕組みからいえることは、これを使ってやろうとする事業が自治体にとって必要なものであれば、国の補助金をとってくることは自治体財政にとってプラスになるのは間違いありませんが、「国が一部を負担してくれるので、この事業は安くできるから」という理由だけで不必要な事業を行うことになれば、自治体は無駄金を負担せざるを得なくなることを意味します。このような場合には、国の補助金を使ってその事業をやることは、自治体財政にとってはかえってマイナスになるのです。

（4） 地方債＝借金

ここで、息子夫婦世帯にまた「事件」が起こります。今度は家が老朽化して雨漏りするようになったのです。雨漏りしていると、子どもたちも落ち着いて勉強することができません。そのため、息子夫婦世帯には住宅改修の費用の必要が発生します。先の**図表3**（28頁）にある息子夫婦世帯の「支出」の一番右側にある「住宅改修の費用」の部分がそれをあらわしています。

しかし、息子夫婦世帯の「収入」をみればわかるように、この住宅改修の費用の部分をカバーする収入がありません。そこで、息子夫婦はまた両親世帯を訪れて、住宅の改修費用の相談をしたのです。その話をきいた両親は「それはお前たちの平穏な暮らしと孫たちの将来に関わる重大事だ。私たちがそれを出そう」と言ってくれました。ただし、その後に「しかし、私らはすでにお前たちにたくさんの仕送りをしており、あまり金銭的な余裕がない。そのため、お前たちの住宅の改修費用を私たちの負担として支払ってやることはできない。そこで、お前たちに改修費用を貸すので、それを将来返してくれるということでどうか」と尋ねます。息子夫婦世帯は「両親の金銭的事情はもっともだ。しかも、住宅の改修は私たちの財産を増やすもので、それをすべて両親のお金でまかなうというのはおかしな話だ。ここは両親からお金を借りて住宅を改修し、その借金は何年かかけて月々の収入の中から返していくことにしよう」と決めます。この両親世帯からの借金部分は、息子夫婦世帯の「収入」の右端にある「借金」としてあらわされています。

この両親世帯からの借金に当たるのが、自治体財政でいう「地方債」のことです。ここで、現実の地方債の制度との関係で留意しておくべき点を四つ述べておきたいと思います。

一つ目は、この借金は使い道が決められているということです。両親世帯から認めてもらった借金を家族旅行など別の用途に充てられないように、実際の地方債という借金もそれを行う際に自治体が提示した使途は変えることができなくなっています。二つ目は、この家計のケースと同じように、実際に地方債という借金の目的は原則として公共施設や公共土木インフラなどの建設事業に限定されているということです。逆にいえば、一般的な福祉サービスや教育サービスなどに地方債を発行することは認められておらず、それは家計が食費のような標準的支出を借金でまかなうことが望ましくないのと同じようなものです。三つ目は、息子夫婦世帯が将来の借金返済を自らの収入の中から工面するように、地方債の返済にかかる費用も自治体の標準的な収入＝一般財源から捻出しなければならないということです。そのため、あまり高額な借金をしてしまうと、自分たちの将来の標準的支出のかなりの部分が借金返済となってしまい、一般的な標準的支出である福祉サービスなどへ支出できる部分が少なくなってしまうことになります。四つ目は、国庫支出金（補助金）と同じように、事業費全体に対してそのすべて（１００％）を地方債でカバーすることは例外を除いてはできません。つまり、地方債についても借金をした残りの部分については地方税や地方交付税等の自治体の一般財源等でまかなわなければならないのです。家計に例えれば、住宅の屋根の改修費用そのものは両親世帯から借りることができたとしても、改修工事にともなって発生する付随的な経費（例えば業者の駐車場代の負担など）は息子夫婦世帯が標準的支出の部分から捻出しなければなりません（**図表6**）。このような事業費全体に対して地方債（借金）がカバーする割合を地方債の「充当率」とよんでいます。

図表6　地方債の基本的な仕組み（家計による理解）

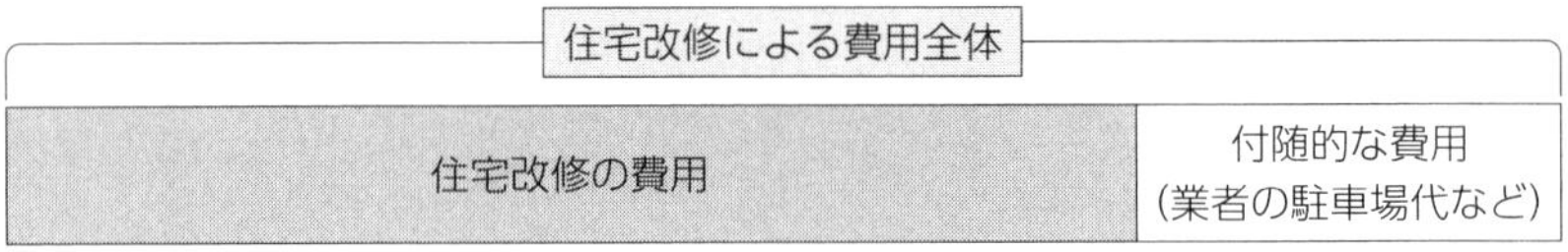

出所：筆者作成

地方債についても国庫支出金と同じように、「借金を認めてくれるから自治体の負担はない」として何でもかんでも事業をやれば、自治体は無駄な負担をせざるを得なくなります。地方債の場合には借りたお金は将来返さなければなりませんので、自治体の負担は事業を行う段階では地方債が充当できる分だけ少なくなっても、それを償還するための自治体の支出は将来において発生することになります。

以上が家計を使った自治体の歳入項目についての説明です。細かいことをいいだすと、「こんな違いがある、あんな違いもある」ということになるのですが、それらは制度の枝葉末節にあたるものです。そんなことにとらわれていては、各歳入項目がそもそも何なのかが理解できなくなってしまいます。大切なことは、これらの歳入項目の本質的な性格は何かという点です。逆にいえば、それぞれの歳入項目がもっている本質部分が理解できていれば、それらの中に含まれる違いや例外的部分は簡単にわかるのです。

いかがでしたでしょうか。このように家計に例えれば、自治体の歳入もまったく同じものであることがわかると思います。これが自治体財政でわかりにくい歳入の基本のすべてです。基本さえマスターしてしまえば、あとはその知識を個々の事例に当てはめればよいだけのことです。例えば、国庫支出金（補助金）についてはさまざまな種類があり、その呼称も「○○負担金」「○○補助金」「○○支援金」「○○交付金」のように多彩なものが並びますが、それらも基本的な仕組みはまったく同じで、ただ国が負担してくれる事業費の割合が50％なのか30％なのか75％なのかなどが違うだけです。

物事は何でもそうですが、一番大切なことは基本です。基本さえきちんと押さえれば、あとはそのときどきに合わせて必要な解釈を当てはめていけばよいだけです。それは、バッティングの基本をマスターした野球選手がいつの間にか実際のボールの変化に合わせてヒットやホームランを打てるようになることと同じです。逆に、この基本がなければ、いつまでたってもヒットやホームランを打つことができません。自治体財政の学習も同じで、この基本さえつかめれば、あとはいくらでも応用がきくようになるのです。

4　一般財源と特定財源——一般財源が「自分の財布のお金」

最後に重要な言葉の説明を付け加えておきたいと思います。**図表3**（28頁）の最上部に書かれていた「一般財源（エリア）」と「特定財源（エリア）」という言葉です。とくに一般財源という用語は実際の予算書などでも頻繁に出てきます。その理由はこの一般財源が自治体の財政にとって最も重要なものにほかならないからです。**図表3**からは、地方税と地方交付税が一般財源に当たることがわかります。この地方税と地方交付税という一般財源によって、自治体の標準的支出がカバーされていることも読み取れます。この一般財源が自治体の標準的収入に当たります。*2 そして、国庫支出金と地方債が特定財源に当たります。

では、一般財源とはどのような意味で重要なのでしょうか。それは大きく次の二つです。

第一に、一般財源は自治体が自由に使い道を決定できるということです。これは一般財源の定義そのもので、一般財源とは使途の限定がない財源、逆に特定財源とは使途が限定されている財源のことを指しています。先の家計の例でも、「給料＋仕送り（標準分）」は使い道が決まっていませんでした。普通に考えれば、特定財源よりも一般財源の方が自治体にとってはありがたいはずです。これも家計に置き換えるとわかりますが、子どもがもらうお小遣いは使い道が決まっていない方がうれしいに決まっています。「このお金は参考書を買うためにしか使ってはいけません」などと使い道を決められてしまえば、子どもは「本当は友だちと一緒に服を買うために使いたいのに」と思っても、それがかなわなくなってしまいます。

第二に、一般財源がなければ、特定財源として入ってくる金額もそれだけ少なくなってしまうということです。もう一度、**図表2**（25頁）の自治体全体の歳入の構成をみてください。地方税と地方交付税から成る「主な一般財源」は歳入全体の約半分しかありません。個別の自治体の歳入構成でみても、一般財源部分は歳入全体の概ね半分程度となっています。そうだとすれば、「一般財源が少なくなっても、国庫支出金や地方債などの特定財源でまかなえばいいんじゃないか」という考え方が出てきても不思議ではありません。しかし、国庫支出金や地方債の説明を思い出していただければ、これらの財源は事業費全体に充てることのできる割合が決まっていました。そして、これらの国庫支出金・地方債のような特定財源でカバーされる残りの部分については、地方税・地方交付税といった「一般財源」でまかなわなければならなかったわけです。そのため、いくら国庫支出金や地方債を事業費の一部に充てようとしても、それに見合うだけの一般財源を用意できなければ、自治体は自分たちが必要だと考える規模の事業を実施することができないのです。例えば、10億円の事業を行う予定で国庫支出金や地方債などの特定財源が8億円認められるとしても、残りの2億円は自治体が一般財源の中から支払わなければなりません。ところが、国庫支出金は「補助率」、地方債は「充当率」がそれぞれ決まっていますので、自治体が財政の厳しさから2億円の半分の1億円しか準備できないということになれば、それに連動して国庫支出金や地方債も金額が半分に減らされてしまうことになります。この場合には、10億円の事業をしたいのに、その半分の5億円の事業しかできないという事態が生じてしまうのです。

自治体は一般財源だけが「自分の財布のお金」であると考えています。確かに、国庫支出金は国のお金、地方債は借入先（国や金融機関）のお金です。また、自分たちが自由に使えるという点も、自治体が自分のお金だという感覚を強くもつことになる大きな要素です。「自分の財布のお金」はできるかぎり節約したいものです。これが現実の自治体の財政運営にも反映しています。そのために、予算や決算などでは「一般財源」という用語がやたらと出てくるのです。

みなさんも「こんな建設事業をするよりも、身近な福祉をやるべきだ」と思われるケースに直面したことがあるかもしれません。このような状況はどこの自治体でも起こっていることで、それは特定の自治体が独自の判断をしてそうなっているのではないことを意味しています。このようなことも一般財源と特定財源の仕組みから理解できます。自治体は「自分の財布のお金」である一般財源をできるだけ節約したいと考えています。現在のように財政が厳しい状況ではとくにそうです。このケースでいえば、建設事業では国庫支出金や地方債などの特定財源を充てることができるので、自治体が負担する一般財源は相対的に少なくてすみます。ところが、福祉の独自施策のような事業に対しては、その全額を一般財源でカバーしなければならなくなります。そのため、自治体からみれば後者の方が一般財源の負担が大きく感じられることになり、実際には事業費では建設事業の方が多いのに一般財源の必要額では逆に少なくなるということも起こりうるのです。他にも、まだ使える公共施設を維持補修せずに建て替えてしまうなどといったこともよくありますが、それも建て替えの方が国庫支出金や地方債が多く充当できるので一般財源の必要が少なくてすむという財政の仕組みが背景にあるのです[*3]。

以上が自治体の歳入の基本のすべてです。ここでの内容は、これから自治体財政を学んでいく場合の最も大切な土台に当たります。どうしても見慣れない言葉などが出てきましたので、そこにとらわれて理解が十分達せられなかった読者もおられるかと思います。その場合にはぜひ本章を何度か読み直していただきたいと思います。繰り返しになりますが、この基本を身につけることが一番大切です。

注

1　地方交付税は本来「地方交付税交付金」とよばれるべきものなのですが、一般的には「地方交付税」という名称が用いられています。英語でも直訳として「local allocation tax」と翻訳されていますが、これは外国人の方に理解できる訳語ではありません。

2　自治体の財政指標の一つに「標準財政規模」というものがあり、これはその自治体の一般財源の金額とほぼ同じになっています。このことは、一般財源がその自治体の標準的収入であることを示しています。

3　財政の仕組みからの説明は一つの側面であり、事業そのものの規模を大きくしたいので大型建設事業や立て替えを選ぶという自治体の判断も一般的にみられます。

第2章

歳入の実際

現実の制度はどのようなものか

第1章では家計をモデルにして、自治体の歳入についての説明を行ってきました。自治体の歳入の本質についての理解は前章の内容で十分です。本章ではこれを基礎にして、実際の自治体の歳入についてみていきたいと思います。その意味では、本章は前章の補足という位置づけとして記述しています。

以下では現実のイメージをつかんでいただくために、税率等の数字についても記載しています。しかし、これらは必要なときに調べればすむだけのことですから、ここで覚えたりする必要はまったくありません。それよりも、歳入のそれぞれの項目がどのようなものから成り立っているのかなどの概略をつかむことの方がはるかに大切で、それだけで本章の目的は十分に達せられることになります。細部にとらわれることなく、大きなイメージをつかむことに注力していただければと思います。

1　地方税

地方税は自治体が自前で集める収入です。このように自治体が自分たちで集める収入のことを「自主財源」といい、国等から配分される収入のことを「依存財源」とよんでいます。地方税は原則として使途の自由な一般財源ですので、地方税は一般財源と自主財源という二つの性格を併せもつ、自治体からみれば大変重要な歳入項目だということになります。

(1)　地方税についての大きな分類

地方税の具体的な姿についてみる前に、地方税をグループに分ける際に用いられる二つの分類方法について示しておきたいと思います。

一つ目の分類方法は、「普通税」と「目的税」です。普通税とは、使い道が特定されていない税のことであり、何に対しても支出することができます。それに対して目的税は、使う目的が限定されている税のことを指します。

ここで、先の第1章で説明した「一般財源」と「特定財源」という財源の分類を思い出していただければと思います。一般財源とは使い道が特定されていない財源のことであり、地方税はこの中に含まれていました。ところが、この一般財源である地方税の中に、使い道が決められている目的税が含まれているのです。つまり、大きくいえば地方税は使い道が自由な財源なのですが、地方税の一部には使い道が決まっている種類があるということが、普通税と目的税という分類のもつ意味です。ですので、一般財源として本当に使途が自由な地方税は普通税であるということになります。

二つ目の分類方法は「法定税」と「法定外税」です。日本の地方税の大枠（種類や税率等）は地方税法という国の法律で定められています。この地方税法に記載のある税を法定税とよびます。それに対して、地方税法に記載されてはいないけれども、自治体が独自に地方税をつくることも認められています。これを法定外税とよんでいます。法定外税の制度そのものは法律違反ではありませんが、実際にそれをつくって運用するためには国の了承を得ることが必要になります。

もう一つ、これは地方税の分類ではありませんが、税率の分類についても紹介しておきます。先ほど地方税法という法律に税率などが記載されていると書きましたが、ここでいう税率とは「この税の税率は通常は〇〇％です」という意味のもので、これを「標準税率」とよんでいます。つまり、各自治体は標準的にはこの税率をかけて税を徴収してください、ということが国の法律によって示されているのです。ところが、何らかの理由で自治体はこの標準税率を引き上げたいと考えることがあり、それは法律上も認められています。この標準税率を引き上げることを「超過課税」といい、その場合の税率を「超過税率」といいます。ちなみに、この超過税率に関連して、国が地方税の種類によって「超過課税してもいいけど、その場合にはこの税率までしか引き上げてはならない」という上限を定めている場合があります。これを「制限税率」とよんでいます。

法律には定められていない法定外税を創設したり、標準税率を引き上げたりすることは、自治体が自主性を発揮して税を集めようとしていることを意味します。このような自治体の行為は「課税自主権」を発揮していることにほかなりません。

（2）地方税の項目

①市町村民税

図表7は、2017年度決算でみた市町村の地方税の内訳になります。*1 これをみれば、市町村の地方税は、市町村民税と固定資産税で大部分が占められていることがわかります。市町村民税はより一般的には住民税（うち市町村分）とよばれているものです。また、市であれば「市民税」、町であれば「町民税」といわれたりもしますが、すべて同じものをあらわしています。

図表7をみればわかるように、市町村民税は個人分と法人分から成り立っており、その人部分が個人分となっています。市町村民税（個人分）はその市町村に居住している個人に対して課税されるもので、課税される対象は個人の所得です。これは国税では所得税に当たるものですが、所得税はその年の所得に課税されるのに対して、市町村民税の場合には前年の所得に課税されるという点が異なっています。また、国の所得税にはない制度として個人均等割の存在があります。決算カードの中の「市町村税の状況」の中にある市町村民税の内訳にも記載されていますが、個人の市町村民税は個人均等割と所得割とから成っています。市町村の場合、個人均等割は一律で年額3500円

図表７　日本の地方税（市町村）2017年度

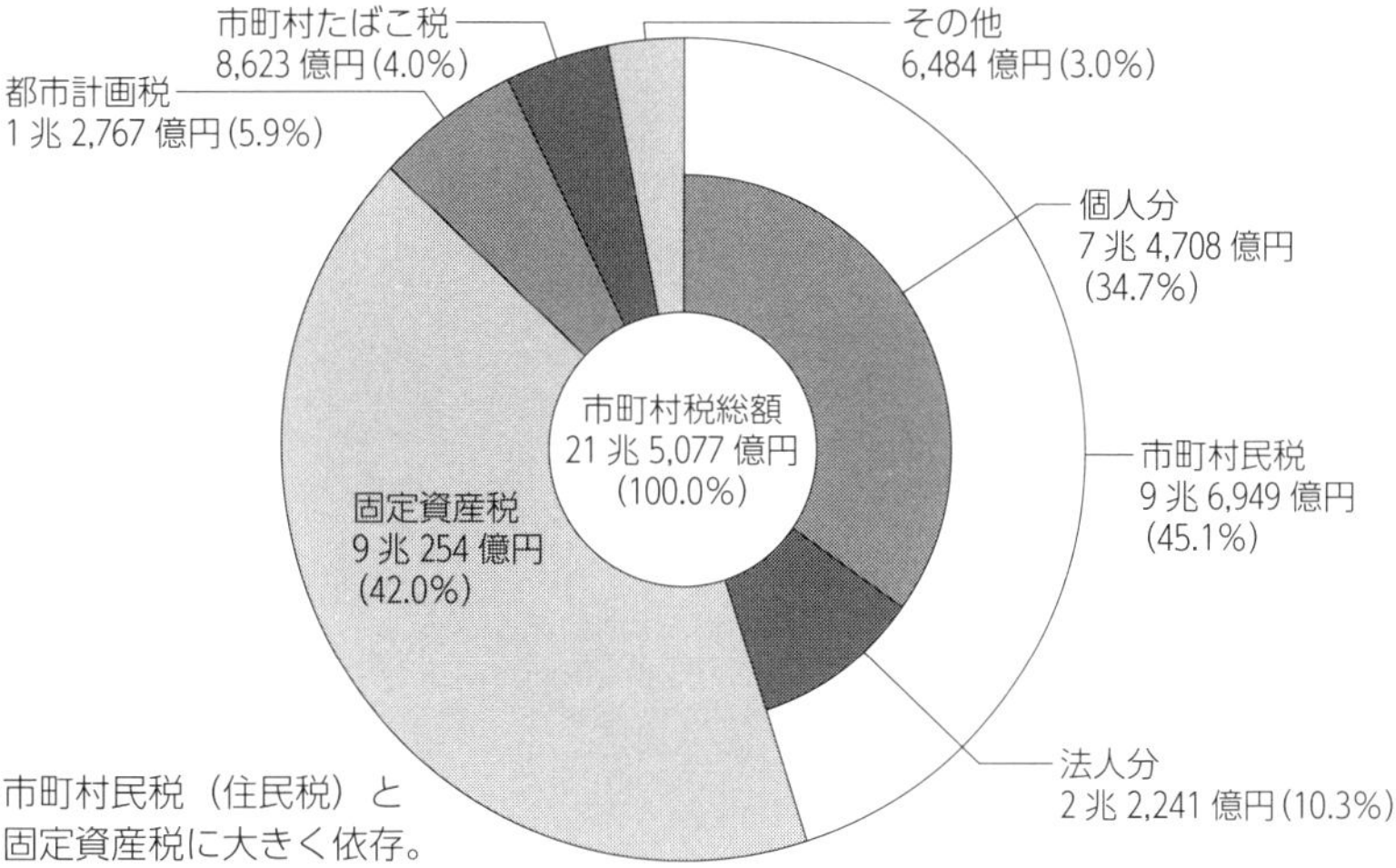

＊市町村民税（住民税）と
固定資産税に大きく依存。

出所：総務省「地方財政白書」（2019年版）

が課されるものであり、所得割は所得に対して６％の税率で課されます。市町村民税全体からみれば、そのほとんどは所得割によって占められています。個人均等割はいわばその自治体のメンバーであることの会費のようなものだといえます。また、所得割は各住民の所得に一律６％で課されますから、所得水準の高い住民がたくさん居住している自治体ほど、市町村民税（個人分）は多くなります。

市町村民税の法人分も市町村に事業所等をおいている法人に課するものです。これも同じように法人均等割と法人税割とに区分されています。前者の均等割は従業者数や資本金等の額に応じて、年額５万円から３００万円の間の９段階で定められています。法人税割は国の法人税額に税率を乗じた金額で、税率は９・７％（２０１９年10月１日以後に開始する事業年度からは６・０％）です。

国の法人税は法人の利益（所得）に課されるものですから、法人税割も同じように法人の利益の大きさによって税収額が決まってくることになります。

②固定資産税

固定資産税は「固定資産」の所有者に対して課される税です。ここでいう「固定資産」とは、土地・家屋・償却資産（事業用資産）のことを指します。固定資産税では、これらの資産価値（評価額）に対して税率1・4％を課します。この資産価値の評価については、国が評価の基準や実施方法を定めています。固定資産のうち償却資産とは具体的には機械や装置や車両などであり、これらは耐用年数（使用できる年数）があるために月日の流れにともなって価値が下がっていきます。それを会計上では減価償却というやり方で、もともとの価値が少しずつ減っていくという取り扱いをしています。つまり、減価償却によって固定資産のもともとの価値がどんどん下がっていくことになります。この固定資産の残っている価値に課するのが固定資産税の償却資産分です。償却資産分は一般的には企業が所有する新しい大きな工場、倉庫、小売店舗などが多ければ、それだけその自治体の税収額も増えるということになります。例えば、コンビナートや発電所が立地している自治体で固定資産税が多くなるのは、主にこの償却資産分が貢献しているわけです。自治体が企業の誘致や施設の更新を求める理由には、雇用等だけではなく固定資産税が増えることも見込んでいるのです。

固定資産税には法律で特例として課税されないものがあります。それは主に学校法人と宗教法人です。京都市は固定資産税が他の自治体に比べて相対的に少ないという問題があるのですが、それ

図表８　日本の地方税（道府県）2017年度

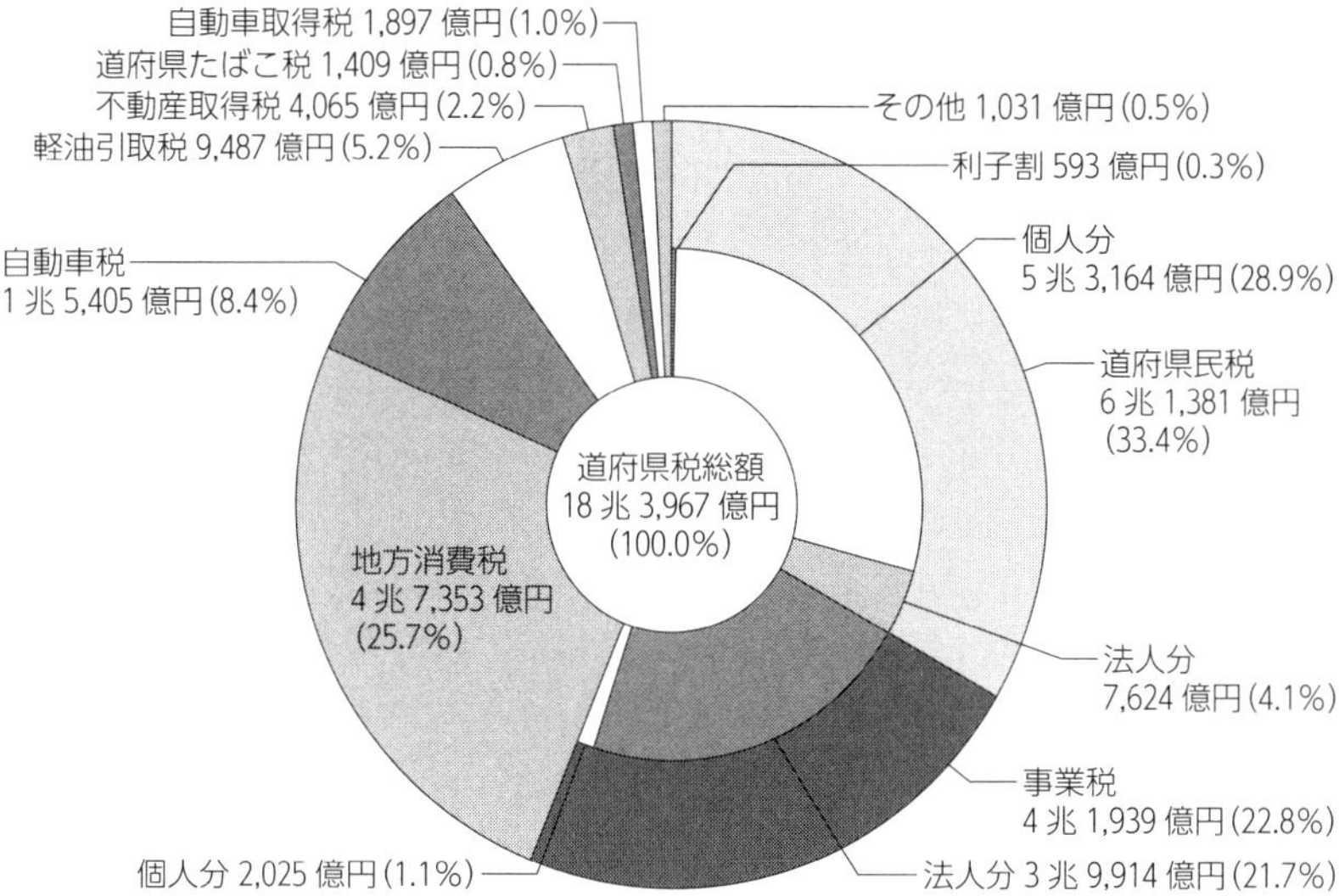

＊道府県民税（住民税）と事業税に大きく依存。地方消費税の半分は市町村分。

出所：総務省「地方財政白書」(2019 年版)

は市内に多くの学校法人（主には大学）と寺社が立地しているからです。

③道府県民税

次に道府県の税収についてみておきましょう。*2 **図表8**が道府県の地方税の項目と税収額等を示しています。一番大きいのは道府県民税であり、これも個人分が大部分を占めています。ただし、市町村の場合と異なるのは、個人分の中に均等割と所得割の他に利子割等が加わっているという点です。利子や配当なども個人の所得の一部となることから、それらが道府県民税の課税の対象になっているのです。道府県民税は均等割が年額１５００円、所得割が４％、利子割等が５％でそれぞれ課税されています。法人分は市町村と同じく均等割と法人税割からなり、法人の資本等の金額に年額２万円から80万円の5段階、標準税率は3・2％（2019年10月1日以後に開始する事業年度からは1％）となっています。

④事業税

道府県民税が市町村民税と異なるのは、固定資産税のかわりに事業税があることです。事業税は個人と法人の事業に対してそれぞれ課税されていますが、税収の大部分は法人からのものです。事業税も主には事業から得られた利益（所得）に対して課税されますので、利益の出ている企業が多ければ多いほど、その自治体の事業税の税収額は増えることになります。そのために、事業税は東京都のような大都市に集中することになり、これが都道府県間での税収格差が大きい主要な要因となっています。

なお、道府県税の中で地方消費税が大きいようにみえますが、このうちの半分は地方消費税交付金として市町村の歳入として支出されます。地方消費税はいわゆる消費税の一部に含まれているものので、消費税が8％のときには1・7％、10％になってからは2・2％が地方消費税分となっています。

（3）法定外税と超過課税

次に自治体の課税自主権が発揮されている状況を把握するために、法定外税と超過課税についてみていきましょう。

図表9　法定外税の状況

法定外普通税

その1　都道府県税　（単位　百万円）

区　分	2017年度	
	団体数	収入額
石油価格調整税	1	1,021
核燃料税	10	20,613
核燃料物質等取扱税	1	20,044
核燃料等取扱税	1	1,206
合　計	13	42,884

その2　市町村税

区　分	2017年度	
	団体数	収入額
狭小住戸集合住宅税	1	441
砂利採取税	1	5
別荘等所有税	1	524
歴史と文化の環境税	1	87
使用済核燃料税	1	420
空港連絡橋利用税	1	413
合　計	6	1,889

法定外目的税

その1　都道府県税　（単位　百万円）

区　分	2017年度	
	団体数	収入額
産業廃棄物税	21	4,263
宿泊税	2	3,132
産業廃棄物処理税	1	494
産業廃棄物埋立税	1	508
産業廃棄物処分場税	1	9
乗鞍環境保全税	1	12
産業廃棄物減量税	1	291
循環資源利用促進税	1	788
資源循環促進税	1	235
合　計	30	9,731

その2　市町村税

区　分	2017年度	
	団体数	収入額
使用済核燃料税	2	991
遊漁税	1	8
環境未来税	1	632
環境協力税	3	21
山砂利採取税	—	—
開発事業等緑化負担税	1	47
合　計	8	1,699

出所：総務省「地方財政白書」（2019年版）

図表9は２０１７年度の法定外税の状況をあらわしています。先ほど述べた普通税と目的税の分類にしたがって、左側に法定外普通税、右側に法定外目的税が記されています。それぞれ上段が都道府県、下段が市町村の状況をあらわしています。

都道府県は全部で47団体ありますから、そこから考えると法定外普通税も法定外目的税も多くの自治体が法定外税を課していることがわかります。

しかし、その内容はかな

り特殊なもので、前者の方は核燃料関係、後者の方は産業廃棄物関係に偏っていることがわかります。これとは逆に市町村の方は、法定外普通税も法定外目的税もバラエティに富んでいますが、その一方で法定外税を課税している団体数は非常に少なくなっています。ただし、これらの中には特徴のあるものが含まれていて、他の自治体にとっても大いに参考になります。例えば、法定外普通税では「歴史と文化の環境税」というものがありますが、これは福岡県太宰府市が2013年から課税しているものです。太宰府市内にある一時有料駐車場の駐車料金に上乗せして徴収しているもので、主に太宰府天満宮を訪れる観光客が対象となっています。これは普通税として課されているので使途は自由なのですが、同市ではそれを観光振興や環境保全に活用するような運用を行っています。その目的は、観光客等によって必要となる公共サービスのための負担の一部を彼らに担ってもらうことにあります。法定外目的税にある環境協力税（沖縄県渡嘉敷村など）も同じ趣旨で、島へフェリー等で入ってくる観光客などを対象として料金徴収のかたちで上乗せ課税しています。こちらは目的税として使途に最初から制限をかけている点だけが太宰府市と異なっています。大阪府箕面《みのお》市が2016年から実施している開発事業等緑化負担税は、市内にある自然環境や住環境を保全・向上させるため、市内で開発行為等を行う事業者に対して開発する敷地面積や容積率に応じて課税しています。この税は、乱開発の抑制と税収の増加という二つの目的を併せ持っているという性格のものです。

次に超過課税についてみておきたいと思います。**図表10**は2017年度の都道府県および市町村

図表10　超過課税の状況

都道府県税　（単位　百万円）

区分	2017年度	
	団体数	収入額
道府県民税個人均等割	37	24,361
道府県民税所得割	1	2,647
道府県民税法人均等割	35	10,345
道府県民税法人税割	46	119,318
事業税法人分	8	131,589
自動車税	—	—
合計	—	288,260

市町村税　（単位　百万円）

区分	2017年度	
	団体数	収入額
市町村民税	995	306,732
個人均等割	2	1,691
所得割	2	51
法人均等割	381	16,389
法人税割	991	288,601
固定資産税	154	35,496
土地	154	10,127
家屋	154	15,747
償却資産	154	9,622
軽自動車税	17	492
鉱産税	10	9
入湯税	3	34
旧法による税	—	—
合計	—	342,762

出所：総務省「地方財政白書」（2019年版）

の超過課税の状況をあらわしています。

道府県民税法人税割（道府県税）や法人税割（市町村税）をみればわかるように、多くの自治体が超過課税をしています。その中身をみれば、いずれも法人関係の税に集中している状況をみてとることができます。これは何を意味しているのでしょうか。

私はこの要因を政治的なものと政策的なものの二つがあると考えています。政治的な要因とは、要するに法人は選挙権を持っていないことから、超過課税を行っても首長や政治家は自分たちの次の選挙への影響が小さいといえます（同じことは先ほどみた法定外税で観光客に課税する場合にも当てはまります）。もし超過課税を個人（住民）に課した場合には、政治的に猛反発を食らうことが避けられないでしょう。しかし、たとえ本音がそうであったとしても、超過課税を行う理由としてそのような政治的な要因を掲げることなどできないので、何らかの合理的な理由を示すことが必要です。これと関係のあるのが政策的な要因です。例えば、地域の中心にある都市で昼間に周辺自治体から多くの就労者が集まってくる場合、その自治体はそれに合わせて水道やゴミ処理などの公共サービスを提供しなければなりません。しかし、彼らは自分たちの住む別の自治体に住民税を支払い、当該自治体に対してはまったく住民税を負担しません。この原因になっているのが彼らの働く企業の活動であることから、企業は自分たちの従業員が住民税の負担をすることなく、自治体の公共サービスから恩恵を受けていることになります。そのため、自治体がその恩恵である利益の一部を企業（法人）への超過課税というかたちで求めることは、たしかに政策的にみても合理的です。これは一例ですが、自治体が超過課税を行う場合には、このような合理的な理由について課税対象者にきちんと説明する必要があります。

2　地方交付税と臨時財政対策債

（1）　地方交付税

自治体にとって最も大切な「一般財源」は地方税と地方交付税から成っていました。そこで次に地方交付税についてみていくことにします。

図表11は、実際の地方交付税の算定について図で示したものです。一見するとややこしそうにみ

図表 11　地方交付税の算定の図示

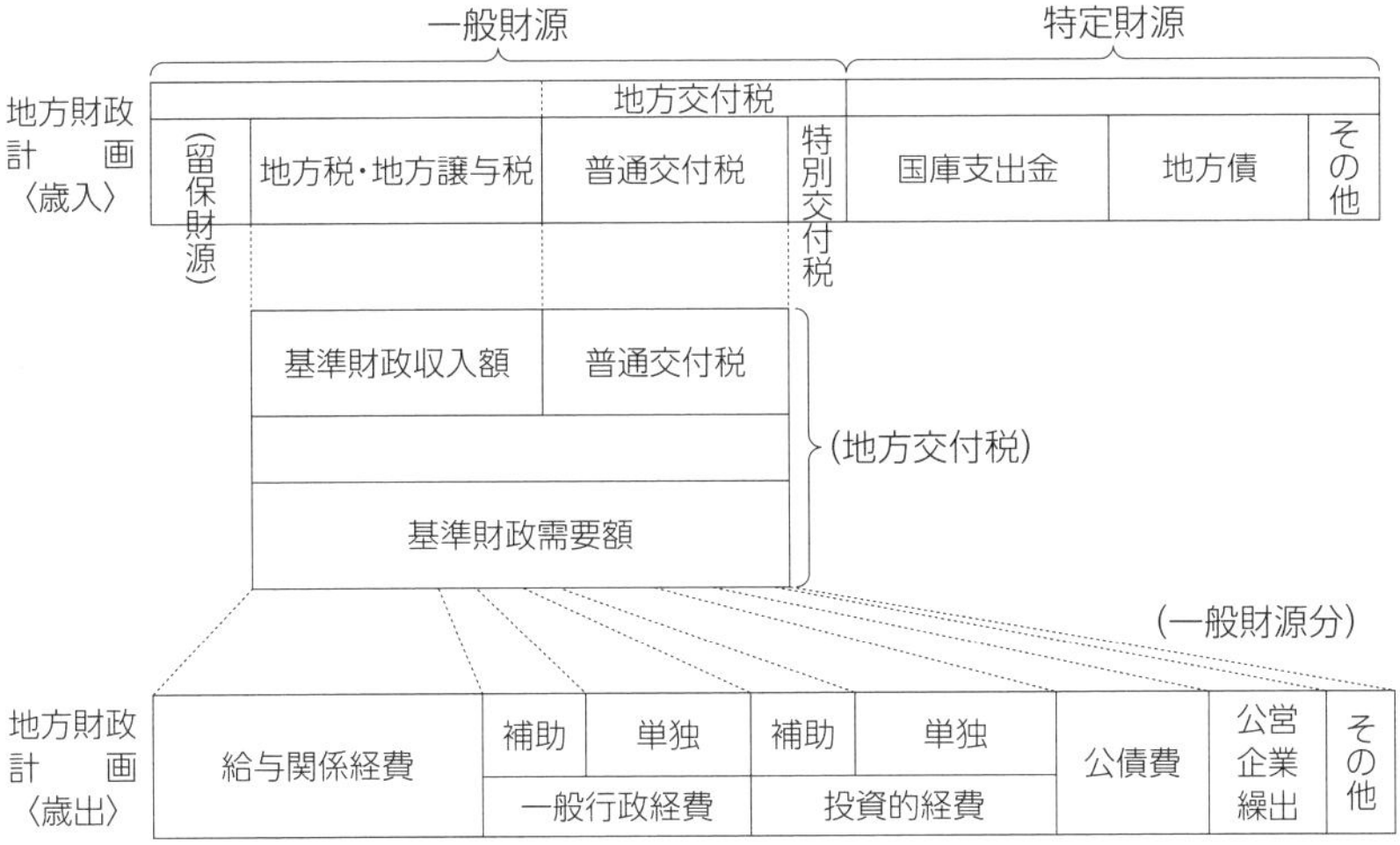

出所：総務省資料より筆者作成

えますが、その本質についてはすでに第1章で説明した家計での考え方とまったく同じです。ですので、多少の図の複雑さや言葉の馴染みのなさにとらわれることなく、しっかりと本質を頭で再確認した上で、以下の説明をみていただければと思います。その際には、説明に合わせながら**図表11**を追っていってください。

この図の一番上は自治体の歳入、一番下が歳出です。それぞれ「地方財政計画」と書いているのは、それらを国が見積もって決めているという意味で、実際の自治体の歳入や歳出（とくに歳出の方）とは一致していないことをまず頭に置いておいてください。

歳出はいくつかの大きな項目から成り立っていますが、これらの中からすでに学んだ「一般財源」で充当される部分のみを集めてきます。それを「基準財政需要額」とよび、第1章ではペットボトルに例えたものになります。また、第1章では一般財源でまかなうべき部分を「標準的支出」であると表現しましたが、この言葉と基準財政需要額という言葉は似ています。つまり、基準財政需要額は自治体が実施する標準的な公共サービスや公共事業のことを指していると考えてよいものです。

歳入のうち一般財源の部分をみれば、「地方税・地方譲与税」という項目があります。ここでは正確さを期するために地方譲与税というものを加えていますが、ここの項目は地方税と同じと考えていただいても差し支えありません。この地方税の金額が自治体の標準的支出に当たる「基準財政需要額」に対して不足する部分を地方交付税が埋めているというのが、地方交付税制度の基本的な仕組みです。

これを現実の制度に基づいていえば、実際には地方税の75％だけがその自治体の税収であるとみなす運用がなされています。この地方税の75％の部分を「基準財政収入額」とよんでおり、これが第1章での例えでいえばペットボトルに入っているお茶に当たるものです。また、地方税の75％分の残りの25％の部分は「留保財源」とよばれています。この仕組みの意味については後に説明しますが、ややこしければこの段階では基準財政収入額≒地方税そのものであるとみなしても差し支えありません。

この基準財政需要額（ペットボトル）と基準財政収入額（お茶）との差を埋めるのが地方交付税の役割です。正確にいえば、この役割を果たす地方交付税はその中の「普通交付税」とよばれるもので、地方交付税総額の94％と大部分を占めています。残りの６％分は「特別交付税」といわれるものであり、これは通常の財政需要の見込みではわからない災害などが生じた自治体に配分するために残されているものです。これまで説明してきた標準的支出をまかなうための地方交付税とは普通交付税のことを指しており、地方交付税という場合には普通交付税と同一視してかまいません。

大部分の自治体は基準財政需要額（ペットボトル）に対して基準財政収入額（お茶）が不足しているため、地方交付税が配分されています。これらの自治体は「交付団体」とよばれています。反対に、基準財政需要額よりも基準財政収入額の方が多い（つまり、ペットボトルからお茶が溢れ出ている）自治体は、地方交付税が配分されない「不交付団体」ということになります。

以上の事柄を頭において、**図表12**をみていただきたいと思います。左側が交付団体、右側が不交付団体をあらわしています。これを使って実際の自治体の地方税の収入や一般財源、そして留保財源の仕組みについて説明していきます。

交付団体の場合からみていきましょう。税収の75％が基準財政収入額となっており、それが基準財政需要額に対して不足する分が地方交付税（普通交付税）として国から配分されています。実際の制度においては、税収（＝基準財政収入額＋留保財源）プラス地方交付税が一般財源となります。自治体にとって一般財源こそが最も大切な収入ですから、現実には留保財源も含めた一般財源の総額こそが重要であるということになります。このことを前提として、留保財源の意味について説明したいと思います。

図表12　地方交付税の仕組みと留保財源の意味

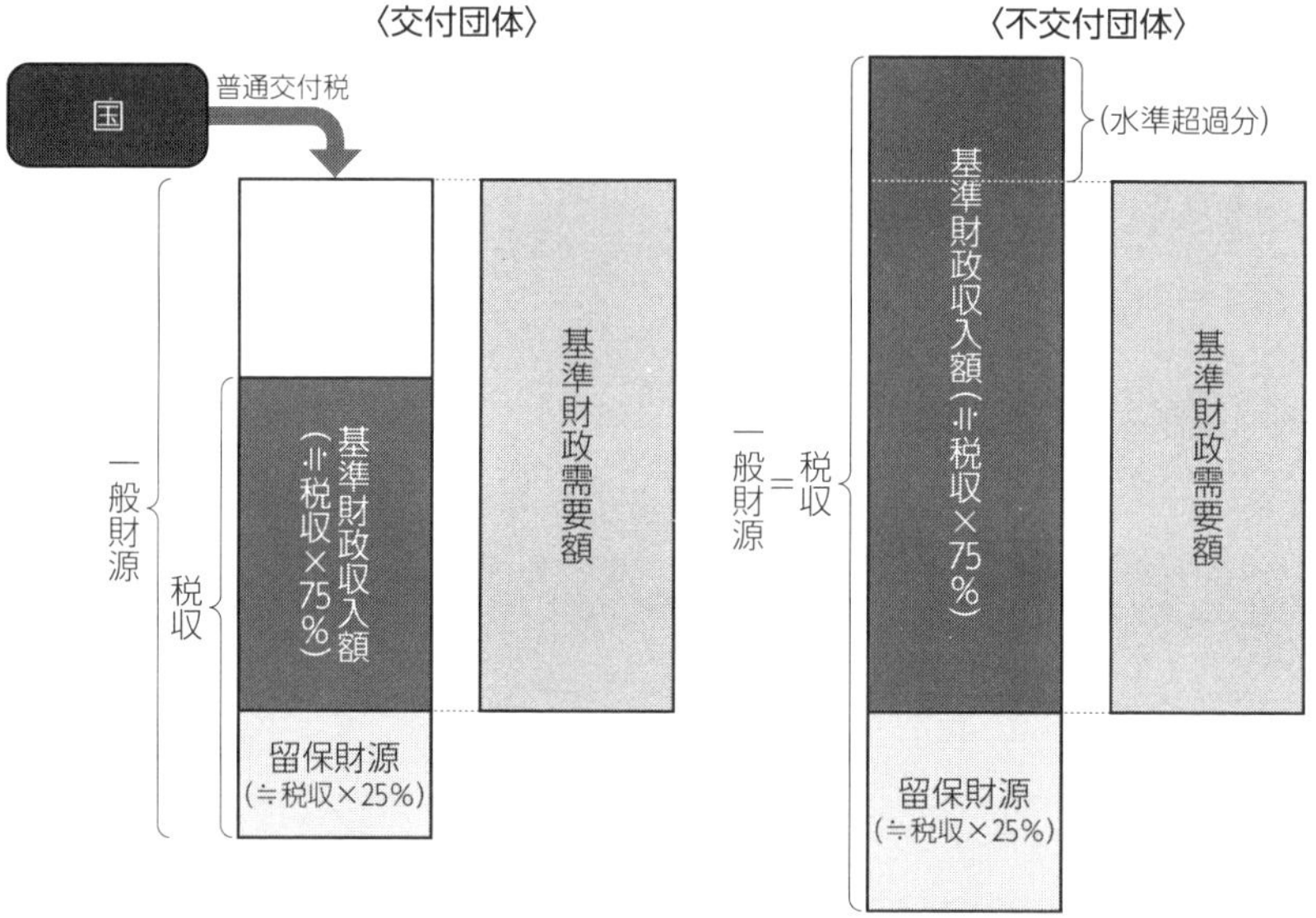

出所：筆者作成

いま仮に自治体の税収が増えたとします。もしその増えた税収分がすべて基準財政収入額（お茶）とされてしまえば、その分だけ国からの地方交付税（仕送り）がまるまる減ってしまうだけとなり、自治体の一般財源の総額はまったく増えません。これでは自治体が税収をがんばって増やそうという気持ちが起こらなくなってしまいます。家計で例えれば、お父さんの給料が増えた分だけ両親からの仕送りが減らされるのであれば、お父さんががんばって働こうという気持ちにならないということと同じです。

ところが実際の運用においては、地方税の増加分の75％のみが基準財政収入額（お茶）としてみなされており、25％（留保財源分）はそこから除かれています。そのため、税収の増加分の25％分は地方交付税が減らされる対象分とはされず、この部分は自治体の一般財源の増加分として確実に発生することになります。これを家計のケースでいえば、お父さんががんばって月収を10万円増やした場合に、両親は月収が7・5万円だけ増えたとみなしてやります。そのため、両親からの仕送りは10万円すべて減らされるのではなく、7・5万円だけが削られることになります。その結果、息子夫婦世帯の総収入としては、月収増分10万円＋新たな仕送り額2・5万円（10万円－7・5万円）＝12・5万円へと増えることになります。留保財源の役割はこの2・5万円分の増収とまったく同じ意味を持っています。

このように、この留保財源があることの意味は、自治体はがんばって税収を増やすと一般財源が増えるという点にあります。ですので、自治体はやはり税収を増やす努力をした方がよいのです。この話は第5章で説明する「財政力指数」のところでも再度ふれたいと思います。

（2） 臨時財政対策債

これまで述べてきた地方交付税と不可分の制度として、「臨時財政対策債」というものがあります。これは「債」という言葉がついていることからもわかるように、自治体の地方債（借金）の一種です。国からの仕送りである地方交付税の制度の中に臨時財政対策債という借金が組み込まれていることが、いまの自治体財政の仕組みをややこしくしています。しかし、実はその内容はシンプルで、まったくむずかしくありません。地方交付税制度の入口のところで、異なる制度と聞き慣れない言

図表 13　臨時財政対策債のイメージ

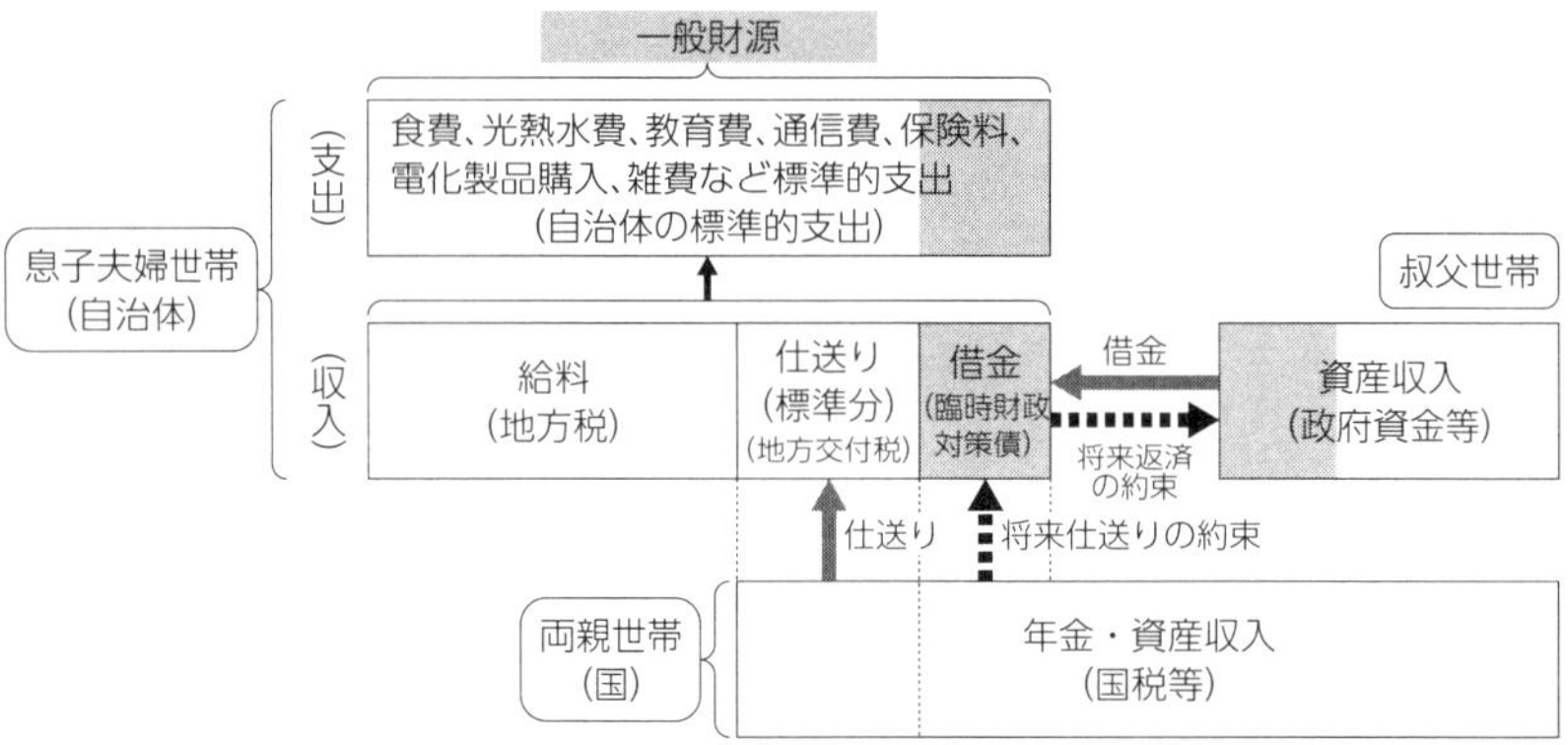

出所：筆者作成

葉が入り混じるために、とてもむずかしいものであるかのように感じてしまうだけのことです。以下でも、家計の事例を援用しながら、臨時財政対策債というものについてわかりやすく説明していきます。

図表13をご覧ください。これは第1章で用いた家計を使った自治体の歳入の図の中で、一般財源の部分のみを再掲したものとほぼ同じものです。ただし、ここには新たに「叔父世帯」に加わってもらっています。

いま、息子夫婦世帯（自治体）の標準的支出の金額が、子どもたちの成長にともなって増加したとします（食費が増えたり、教育費があらたに必要になったりというイメージです）。これが**図表13**の息子夫婦世帯の支出のうちアミかけで示された部分です。支出が増えたのですから、これまでの給料＋仕送り（標準分）の収入だけではやっていけなくなります。そこで、息子夫婦世帯（自治体）はまた両親世帯（国）のところへいき、自分たちの標準的支出が増えた分だけ仕送り（標準分）を増やしてもらうように頼みます。

この分は両親世帯の責任として支出される部分ですから、両親世帯が息子夫婦世帯に支払うのは当然ということになります。

しかし、両親夫婦世帯にいま仕送りを増やしてやるだけの金銭的余裕がなければどうなるでしょうか。この仕送りは両親世帯の義務なので、息子夫婦世帯に標準的支出を減らすことを要求するわけにはいきません。そこで、両親世帯は次のようにいいます。「お前たち息子夫婦世帯の標準的支出の増加に対して私たち両親世帯は仕送り額を増やさなければならないが、いまはそのお金がない。そこで申し訳ないが、叔父世帯から借りておいてくれないか。ただし、叔父世帯からお前たち息子夫婦世帯が借りたお金の返済については、将来私たち両親世帯がお前たちに仕送りとして増やしてやるので、それで返してくれたらいい」。つまり、息子夫婦世帯は標準的支出が増えた分を叔父世帯からの借金でまかない、その借金の返済部分については両親世帯が将来息子夫婦世帯に新たに仕送りとして増やしてやり、息子夫婦世帯がそれを叔父世帯に返すという仕組みになります。臨時財政対策債とは、この叔父世帯から息子夫婦世帯が借りた借金のことにほかなりません。

これを実際の制度に即して述べてみたいと思います。同じく**図表13**をみながら読み進めてください。自治体の標準的支出である基準財政需要額（ペットボトル）が大きくなると、その分だけ必要な一般財源が増えることになります。地方税の金額が変わらなければ、基準財政需要額の増加分は国からの地方交付税が増えなければなりません。しかし、国にそれを負担するだけの財源がない場合には、それを自治体は臨時財政対策債という借金をすることで当面カバーすることになります。その借入先は実際には国である場合もあれば金融機関であることもあります。この臨時財政対策債の返済は国の義務になるので、国は自治体の基準財政需要額（ペットボトル）を臨時財政対策債の返済分だけ将来大きく見積もってやります。そうすれば、自治体の基準財政需要額（ペットボトル）は臨時財政対策債の返済分だけ大きくなることになり、その分だけ国からの地方交付税が将来増加するということになります。この返済分は20年～30年にわたって分割したかたちで措置されます。そのため、自治体は毎年度少しずつ基準財政需要額が大きくなり、その分だけ地方交付税が増えることになります。この点でいえば、自治体は臨時財政対策債という借金が増えても、その分は国が支払ってくれるので、この借金は実質的には自治体の負担額ではないということになります。この臨時財政対策債による借入金は地方交付税の代わりとして措置されたものですから、これも当然ながら一般財源の一つです。

臨時財政対策債はあくまでも自治体の借金ですから、それを発行するかどうかは各自治体が決めることになります。また、臨時財政対策債として認められた金額を全額または一部だけを発行するかも自治体の裁量です。しかし、自治体が臨時財政対策債を発行したか否かにかかわらず、国はその自治体が臨時財政対策債をすべて発行したものとみなして基準財政需要額を将来大きくします。これが意味するのは、①自治体が臨時財政対策債を発行すれば、その年度の一般財源は確保されるが、将来措置される地方交付税の増加分はそのまま元利償還金へ回すことになる、②自治体が臨時財政対策債を発行しなければ、その年度の一般財源は減ることになるが、将来措置される地方交付税の増加分は元利償還金に回す必要がなくなり、他の用途に使うことができる、という違いが生じるということです。このいずれが望ましいのかは自治体によって異なります。当面の一般財源が必要な自治体は臨時財政対策債を満額発行するべきですし、一般財源が十分にある自治体は臨時財政対策債を発行せずに、将来措置される地方交付税の増加分を公共サービスの充実のために使った方がよいのです。

臨時財政対策債についてまとめれば、本来は国が地方交付税として自治体に配分しなければならない自治体の一般財源分であるにもかかわらず、国の財政事情が厳しいために自治体に当面借金として肩代わりさせているものだということになります。しかし、それをどれだけ実際に発行するかについては、自治体が住民の暮らしの状況をみて自分たちで判断するべきものです。

ここで大切な点について一つだけ説明を加えておきたいと思います。議員のみなさんからはよく「臨時財政対策債は将来国が返してくれるといっていますが、本当に返してもらっているのでしょうか?」という質問を受けます。国は曲がりなりにも法律やルールに則って運営をしていますから、まさか自治体に返すと約束したものを返さないというようなことを行うことはありえません。ところが、現場の感覚では、臨時財政対策債を発行したのだから、その分だけ毎年度の地方交付税額は増えるはずなのにそうなっていないという見方があります。これはどのように解釈したらよいのでしょうか。

図表14がそれをモデルでわかりやすく説明したものです。この図の一番上が臨時財政対策債を借り

図表 14　国は臨時財政対策債を返してくれるのか（モデルによる説明）

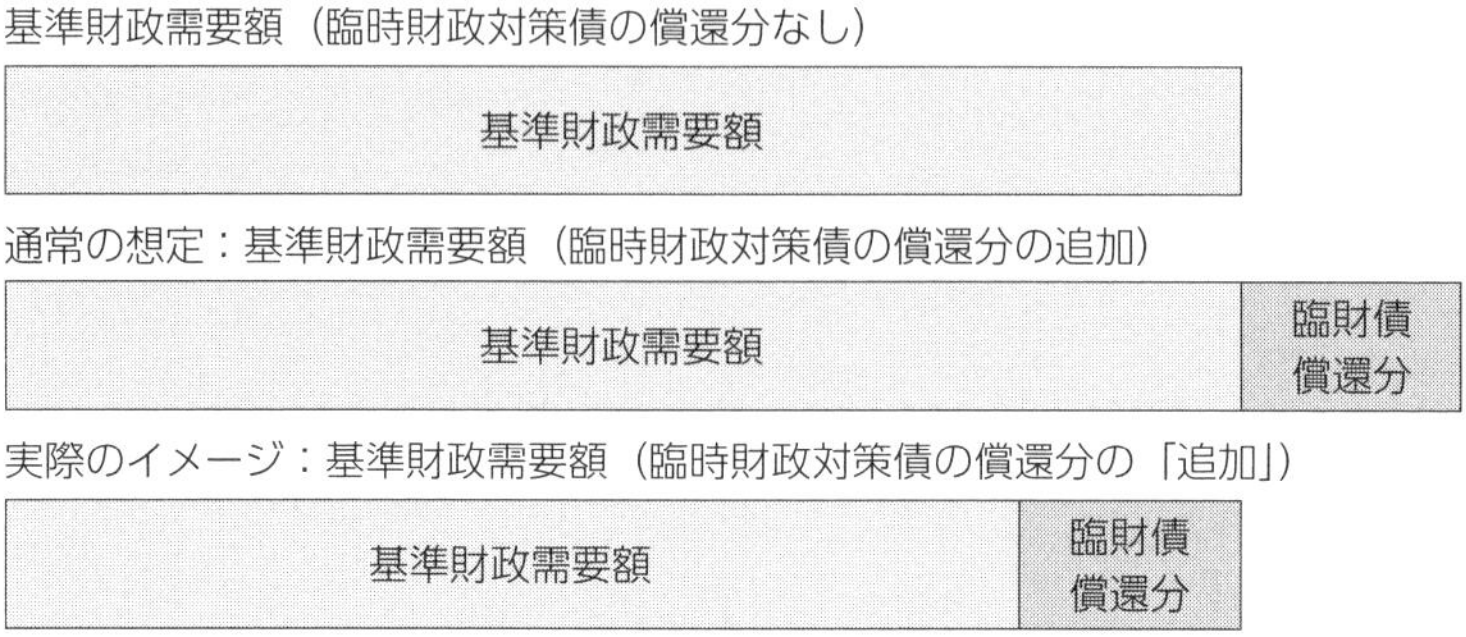

※他の交付税措置についても同様のことが発生する。

出所：筆者作成

る前の基準財政需要額となっており、これらはすべて公共サービスに充てられている一般財源部分だとします。自治体が臨時財政対策債を借りると、その元利償還金の分が毎年度この基準財政需要額に付け加わることになります。これが図の真ん中の状態です。ところが、国は自らの財政状態を悪化させたくないため、できるだけ自治体に対する地方交付税の財源措置を少なくしようとします。そこで、国は以前と基準財政需要額の総額が変わらないようにするため、既存の公共サービスに向けられていた基準財政需要額の部分を小さくして、その減った部分に臨時財政対策債の償還分を組み込むという操作を行います。これが図の一番下の状態です。その結果、たしかに国は臨時財政対策債の償還分だけ基準財政需要額を措置したのは間違いないのですが、自治体としてはその分だけ既存の基準財政需要額が削減されているために、地方交付税がまったく増えていないことになるのです。

　これをわかりやすく例えると次のような話になります。

会社の社員が社長から「特別手当を出すから、今度の連休中にこの仕事をやってくれ」と頼まれます。社員は特別手当を楽しみにして、連休を返上して仕事を仕上げ、翌月の給料を楽しみに待っています。ところが、翌月の給料は前月とまったく変わっておらず、そのことを社長に抗議へ行きます。すると社長は次のように言いました。「君の特別手当はちゃんと付けているよ。その代わりに本給を減らしたのだよ。給料が変わっていないのはそのためだ」。このたとえ話で出てくる社長が国、社員が自治体、給料が基準財政需要額の全体、特別手当が基準財政需要額のうちの臨時財政対策債の償還分、本給が公共サービスに向けられる基準財政需要額の部分に当たります。**図表14**はこれとまったく同じ状況をあらわしています。このように考えると、なぜ先ほどのような臨時財政対策債に関する疑問が起こってくるのかが容易にわかると思います。

このようなことが実際にどれだけ将来的にも起こるかについては、毎年度の政治によって決まるので断定することはできません。しかし、臨時財政対策債をはじめとした国のこうした交付税措置には常にこのような「リスク」があることを自治体は頭におきながら、毎年度の財政運営をしていかなければなりません。先ほど、臨時財政対策債を借りるかどうかは自治体の判断にかかっていることを申しましたが、それに加えてこのような「リスク」をさらに勘案しなければならない点をふまえれば、自治体が自らの臨時財政対策債の発行にかかる自主性を一層高めなければならないことがわかります。

3　国庫支出金（補助金）

国庫支出金（補助金）は、自治体が特定の支出に充てるために国から受ける補助金です。その特徴は使い道が決まっている特定財源であるという点にあります。この基本的な仕組みはすでに第1章でみたとおりで、自治体が行う事業の費用全体に対して、その一部を国が国庫支出金として負担します。

国庫支出金は実にさまざまな分野に支出されていますが、現在の日本で大きいのは「生活保護負担金」（全体の約18％）、「普通建設事業費負担金」（同約11％）、「社会資本整備総合交付金」（同約11％）、「児童手当等交付金」（同約9％）、「義務教育費負担金」（同約8％）などです（数字は2017年度決算）。歳出のところでもみますが、普通建設事業費（≒投資的経費）とは自治体のインフラ（道路や公園など）と公共施設（いわゆるハコモノで学校施設や庁舎等）などのすべての公共事業を含んだ歳出項目です。また、社会資本整備総合交付金は国土交通省が所管しているインフラを中心とする自治体の建設事業に対する補助金です。これらをみれば、いまの国庫支出金は公共事業と社会保障を大きく支えていることがわかります。

国庫支出金は事業費全体のうちの一部が「補助率」にしたがって支出されるものです。先にも述べたように、この補助率は50％（2分の1）を基準として、事業内容に応じて増減されています。例

図表15　国庫支出金（補助金）の基本的な仕組み

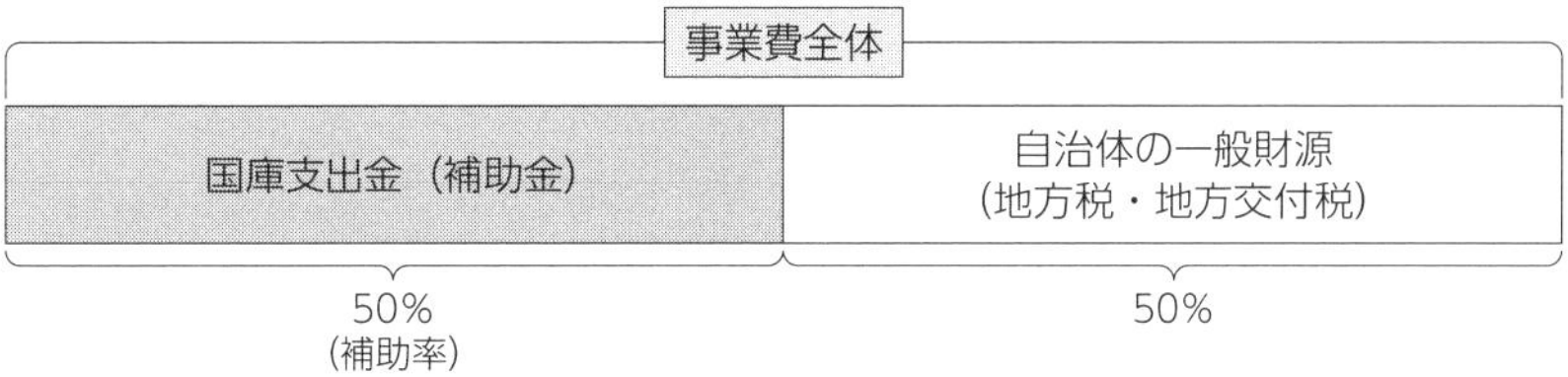

出所：筆者作成

えば、生活保護負担金は生活保護にかかる費用（扶助費）の75％（4分の3）は国が国庫支出金として負担しているものです。一般に、補助率が高いほど、国としての責任が大きい事業であるといえます。この補助率の残りの部分は自治体の一般財源でまかなうことが基本です。**図表15**は、この基本的な仕組みを図で示したものです。

なお、介護保険や国民健康保険などの自治体が実施している社会保険事業に対しても国庫支出金が支出されています。この場合には、住民から徴収した保険料が事業費全体の一部に加わることになりますので、財源構成としては国庫支出金＋社会保険料＋自治体の一般財源となります。また、保育所運営費や障害者自立支援の事業に対しては、国庫支出金に加えて都道府県からの補助金（都道府県支出金）が加わり、財源構成は国庫支出金＋都道府県支出金＋自治体の一般財源となります。このように若干のバラエティはありますが、事業費全体の一部が国庫支出金によってまかなわれるという制度そのものはまったく同じです。少し複雑に見えるだけで、国庫支出金の仕組み自体は何ら変わりがありません。

4　地方債

地方債は、自治体の公共事業を主な対象事業として認められている借金です。自治体の借金にはこのほかに1年以内に返済される「一時借入金」というものがありますが、これに対して地方債は返済期間が2年度以上にわたる長期債務という性格があります。これを返済する期間は地方債によって建設された施設の耐用年数を超えないことが原則です。なお、地方債と一時借入金のほかにも、自治体の借金としては「債務負担行為額」というものがあります。例えば、自治体が業者に工事を請け負ってもらい、その支払いを将来約束している場合などが、債務負担行為額として自治体の債務として計上されます。

地方債の対象となる事業は「適債事業」とよばれます。地方債の適債事業は地方財政法で定められており、①公営企業に要する経費、②出資金及び貸付金、③地方債の借換えに要する経費、④災害応急事業費・災害復旧事業費・災害救助事業費、⑤公共施設・公用施設の建設事業費となっています。このうち⑤にともなう地方債がほとんどを占めています。ちなみに、①~③は自治体が直接的に公共事業を行うものではありませんが、いずれも将来償還されることが見込まれる経費となっています。この適債事業の内容からみれば、地方交付税の代わりとなる臨時財政対策債や退職金をまかなうための退職手当債のような地方債はあくまで例外的なものであることがわかります。

図表16　地方債の基本的な仕組み

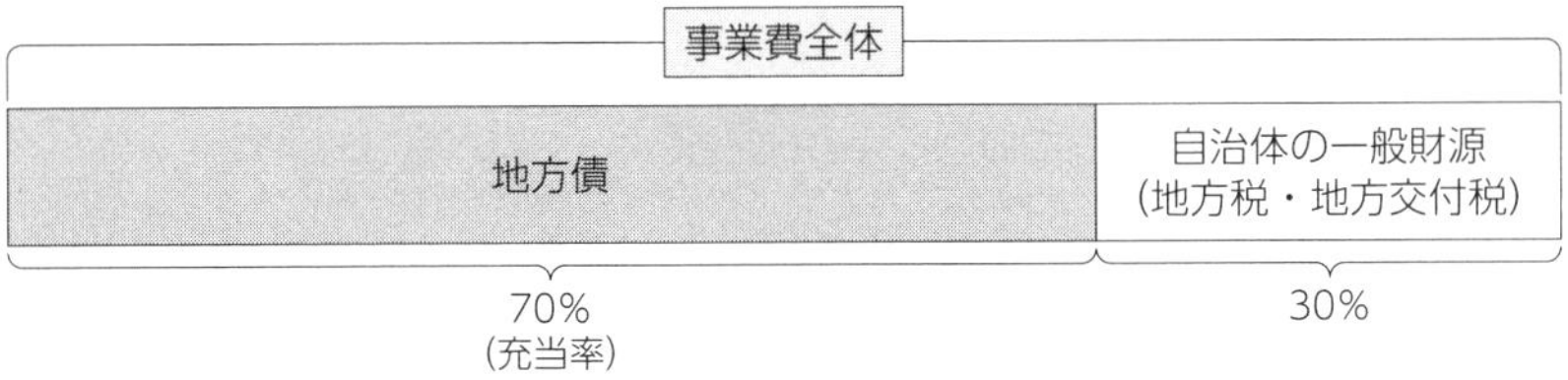

出所：筆者作成

地方債の基本的な仕組みは**図表16**に示されています。事業費全体に対して、その一定割合（充当率）が地方債によって措置されます。この「充当率」は事業ごとに異なっていますが、１００％が充当される事業は過疎対策事業債など一部を除いては存在しません。そのため、自治体が公共事業を行う場合には、地方債に加えて必ずそれに見合った一般財源を出さなければならないことになります。これは家計で住宅ローンを借りる際の頭金に例えるとわかりやすいと思います。

地方債は主として公共事業のための財源として措置されるものですが、近年の地方債で最も大きいのは先にみた臨時財政対策債で、地方債全体の四割近くを占めています。これは、地方債の例外的な部分がどんどん大きくなっていることを意味しており、国の地方に対する財源措置が場当たり的に進められてきた結果として、地方債制度そのものがゆがめられていることをあらわしています。

この地方債について、先ほどの地方交付税との関係で大切な点を一つだけ述べておきたいと思います。

図表17は、地方債を財源とする公共事業の財源構成を示したものです。例えば、近年大規模に進められている公共施設等の統廃合に際して地方

図表 17　地方債に対する交付税措置の仕組み

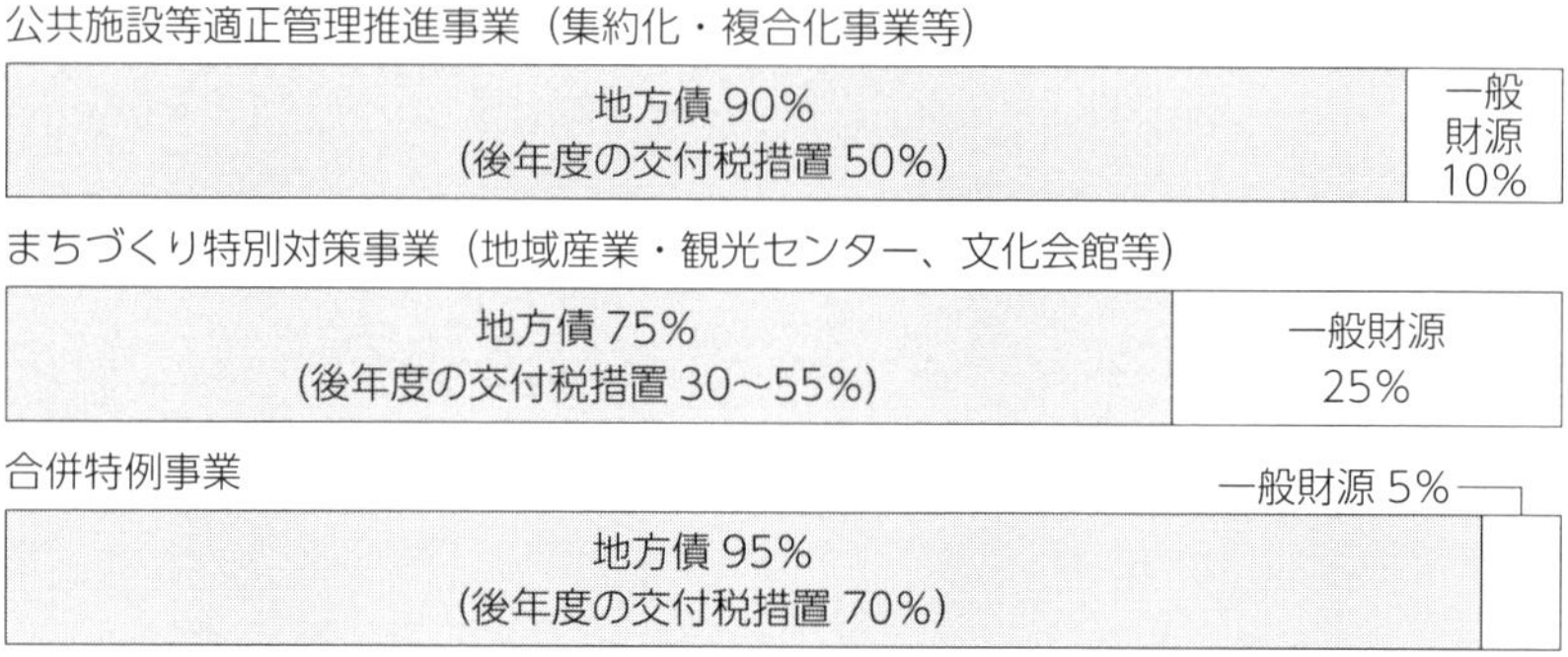

出所：筆者作成

債が発行される公共施設等適正管理推進事業をみれば、事業費全体に対して地方債の充当率が90％であることがわかります。通常はこの理解でよいのですが、この事業に対しては、発行された地方債のうち50％が後年度に交付税措置されると記されています。この意味は、先ほどの臨時財政対策債の仕組みとまったく同じです。つまり、地方債（借金）のうち半分を将来何年かにわたって国が地方交付税として負担してくれるというもので、具体的には毎年度の自治体の基準財政需要額をこの地方債の返済分だけ大きくするということです。臨時財政対策債の場合には交付税でカバーされる割合が１００％だったわけですが、公共施設等適正管理推進事業債の場合には交付税でカバーされる範囲が50％であるという点が違うだけです。公共施設等適正管理推進事業についていえば、事業費全体の90％が地方債で充当され、そのうちの50％が地方交付税によって措置されるのですから、国からは90％×50％＝45％の地方交付税が将来支払われるということになります。結局、事業費全体に対する自治体の財政負担は、地方交付税で措置される45％分を除いた55％だけになるという計算になるのです。

過去には、このような交付税措置の仕組みがまちづくり特別対策事業や合併特例事業のようなものに多用されていました。しかし、このような交付税措置は使途が自由な一般財源である地方交付税を特定の事業に直結させるものとして批判があり、その後に整理されてきていました。ところが近年になって、公共施設の統廃合等に関連した地方債などにあらためて用いられるようになっています。

さらに、臨時財政対策債のところでも述べたように、国は自治体の基準財政需要額を全体として抑えることで、自らが措置しなければならない後年度の地方交付税の負担を少なくしようとします。それはここでも同様で、国が約束した後年度の交付税措置分については、それ以外の公共サービスのための基準財政需要額分を減らすことによって、もとの基準財政需要額の大きさを維持する可能性があります。このような建設事業にかかる地方債の交付税措置についても、その「リスク」をきちんと勘案して判断していくことが重要です。

最後に、地方債と国庫支出金の関係について付け加えておきたいと思います。これまで説明の都合上、地方債でカバーされる残りの部分については自治体の一般財源（地方税・地方交付税）としてきましたが、実際にはこの部分に国庫支出金が一部措置されるケースも少なくありません。現実の自治体の予算の考え方からいえば、事業費全体のうちでまず国庫支出金を充てることを優先して考え、その残りの部分に対して地方債を発行して財源を確保できるかどうかを考え、最終的に自治

図表18　国庫支出金と地方債の組み合わせ

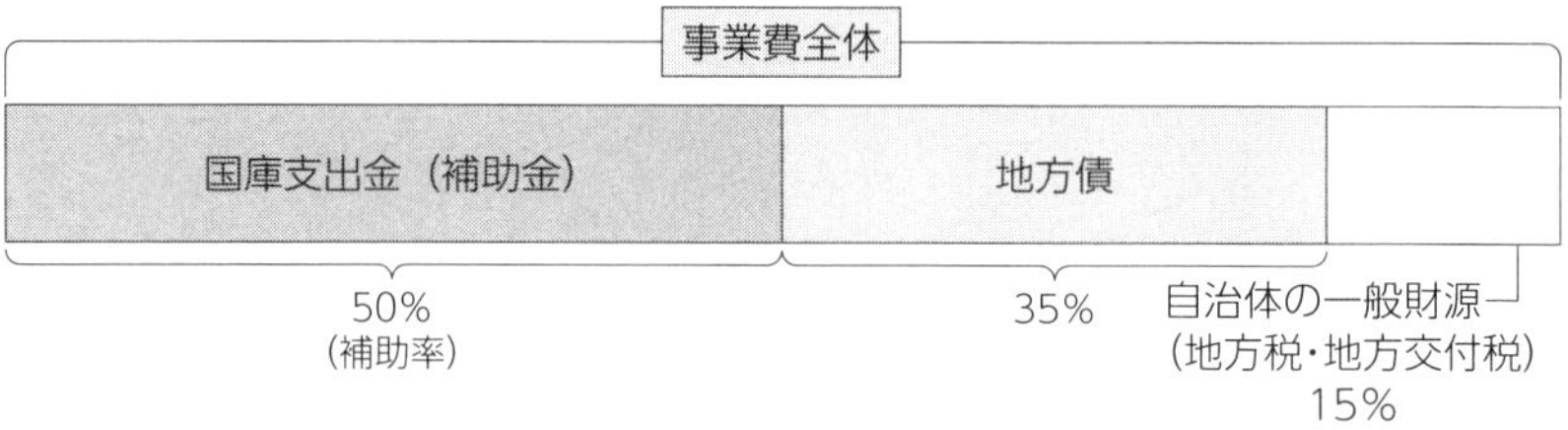

出所：筆者作成

体の一般財源による負担がどれぐらい発生するかという順序で検討していくことになります。自治体にとってはこの順番で財政上有利になっていくからです。これを図示すると**図表18**のようになります。

地方債の発行は公共事業のほぼすべてに対して認められていますが、国庫支出金については認められていないものが少なくありません。例えば、学校についてはほとんどの建設事業に国庫支出金が認められていますので、この場合には**図表18**のような仕組みで事業費全体がまかなわれるのですが、庁舎などは国庫支出金の対象となっておらず、その場合には先ほどみた**図表16**（71頁）の仕組みによって建設が行われることになります。

自治体が公共事業を行う場合には、このような財源措置の違いを理解した上で、賢明な財政運営に努めることが必要です。

注

1　この市町村の中には東京23区も含まれています。

2　ここで道府県としているのは、東京都が地方税法上で別扱いになっているためです（ただし、統計上は東京都の税収も含まれています）。東京都は他の自治体とは異なり、特別区という制度を持っています。東京23区（特別区）は基礎的自治体という意味では市町村と同じですが、地方税については市町村民税（法人分）や固定資産税がなく、これらは東京都の税となっています。

第3章　歳出

わかりにくい点を中心に

歳入に比べると、歳出はずっとわかりやすいものです。

はじめの方で述べたように、議員の方々は「子どもたちの教育サービスを充実させたい」、「高齢者福祉の拡充を進めたい」、「駅前の再開発を実現して、街を活性化したい」など、何らかの施策を推し進めることによって住民の暮らしを向上させようと考えておられる方が大多数です。この場合には、自治体財政に対する関心は予算の使い道（支出）に向けられています。反対に、「この自治体の財政再建をやりたい」などと考えて、自治体の歳入に対して強い意識をもって議員になられるという方はきわめて希です。歳出はそもそも関心が大きいものなので、さほどハードルを感じることなく自然に知識を身につけていけるという利点があります。

また、歳出はそれぞれの項目の名称もわかりやすくなっています。なかには具体的に何を指しているのかが正確につかみにくいものもありますが、それらについても一度学んでしまえばすぐに頭に残るものです。

さらに、歳入の場合には地方交付税や国庫支出金のような国から移転される財源がありましたが、歳出の場合には最終的には自治体がすべて支出しますので、このような国との関係はほとんど意識しなくてもすみます。この点においても、歳入に比べて歳出はずっとわかりやすくなっています。

このように、歳出は一般的に理解が容易なものです。そこで本章では、歳出についての概要を最初から実際の制度に則して説明していくことにしたいと思います。ただし、その一部については歳入のときと同じように、わかりやすい事例を使った解説を行っていくことにします。

以下で説明する歳出は、本書の最初に掲げた**図表1**の決算カード（14・15頁）の下半分にある「目的別歳出」と「性質別歳出」です。それを適宜参照しながら、下記の説明をみていただければと思います。

1　目的別歳出と性質別歳出――同じ歳出を二通りに分類する

最初に、自治体の「目的別歳出」と「性質別歳出」の違いについてみていきたいと思います。*1 これらは同じ自治体の歳出を異なった視点にもとづいて分類したものです。したがって、これら二つの歳出の合計は当然ながら同じ金額になります。

目的別歳出とは、行政の目的にしたがって自治体の支出を項目別に分類したものです。行政が財政を支出する目的には教育、福祉、農業などさまざまなものがあります。このような行政の目的が

図表19　目的別歳出の説明

○議会費
議会活動に要する経費
○総務費
人事、企画、統計、徴税、選挙などに要する経費
○民生費
福祉に要する経費で、生活保護、児童福祉、高齢者福祉、障害者福祉などへの支出
○衛生費
廃棄物処理、環境対策、保健事業、病院事業、水道事業などの公衆衛生に要する経費
○農林水産業費
農業、林業、水産業、畜産業などに要する経費
○商工費
商業、工業などの産業振興や観光振興に要する経費
○土木費
インフラ整備に要する経費で、道路・橋梁、公園、下水道、区画整理、河川、公営住宅などへの支出
○消防費
消防活動や防災事業に要する経費
○教育費
学校教育、生涯学習、文化・スポーツ振興などに要する経費
○公債費
地方債の元利償還金と一時借入金の利息の支払いに要する経費

出所：筆者作成

同じ支出について同一の項目としてまとめられたものが目的別歳出です。これは単純でわかりやすいものです。主な目的別歳出の項目と内容については**図表19**にまとめており、これらの歳出項目の順序は決算カードでの並べ方にしたがっています。

これをみてもらえればわかりますが、目的別歳出は項目名が内容そのものになっているものが多くなっています。若干わかりにくいものであっても、その内容をみれば自然に理解できるものばかりだといっても過言ではありません。

この目的別歳出によって、その年度に自治体がどのような目的に対して財政をどのくらい支出したのかをつかむ

図表 20　性質別歳出の説明

○人件費
　自治体職員の給与や退職金、議員報酬に要する経費
○扶助費
　社会保障に必要な支出のうち、主に現金で支給するための経費
○公債費
　地方債の元利償還金と一時借入金の利息の支払いに要する経費
○物件費
　主に物品・サービスの購入に係る経費（非正規職員の賃金や民間への委託料も含まれます）
○維持補修費
　インフラや公共施設の維持補修に要する経費
○補助費等
　他の団体などに補助するための経費（一部事務組合や公営企業への支出も含まれます）
○繰出金
　国民健康保険事業や介護保険事業などの特別会計へ支出する経費
○投資・出資金・貸付金
　公営企業や民間企業への投資・出資・貸付に対する支出
○投資的経費
　インフラや公共施設などの建設や改修に要する経費

出所：筆者作成

ことができます。例えば「民生費」が多ければ、その自治体は福祉に対する支出をたくさん行っていたことがわかりますし、「土木費」が大きければ、その年度にはインフラ整備がずいぶん実施されたということになります。

　次に性質別歳出についてみてみましょう。性質別歳出とは、自治体の支出する経費がもっている経済的な性質にしたがって分類したものです。これは具体的な例の方がわかりやすく、例えば職員の給与は「人件費」、公共施設の建設費は「投資的経費」といった具合です。**図表20**は、性質別歳出の主な項目と内容をまとめたものです。性質別歳出についても、一部を除けば内容をみてただちに理解できるものでしょう。

　性質別歳出は、目的別歳出との違いをみればもっとわかりやすくなります。目的別歳出

の「教育費」は教育目的に支出された経費ですが、その中には教職員の給与、学校の建設費、児童・生徒の図書費など、さまざまな性格のものが含まれています。同じことは他の歳出項目においても同様で、「民生費」でも保育所の建設費や保育士の給与、さらには児童手当など性格の異なる経費が含まれています。つまり、目的別歳出の各項目の中には、給与、建設費、物品購入費など性格の異なる費用が同一目的のもとにすべて入り込んでいます。そこで、この目的別歳出の各項目の中から同じ性格をもった経費を集計しなおしたものが性質別歳出にほかなりません。

自治体の歳出は目的別歳出と性質別歳出の両方をみることで実態を正確にとらえることができます。とくに財政分析をする場合には、性質別歳出の方が力を発揮することになります。例えば、「財政がひっ迫している。人件費が高すぎるのではないか」ということを疑う場合には、目的別歳出をいくらみても人件費の状況はわかりませんが、性質別歳出の「人件費」の項目をみれば概ねのことが把握できます。

歳出の知識については、以上の内容だけでも基本は十分だといえます。しかし、実際に特定の歳出分野について検討していこうとすれば、ここから先へ進んでいかなければなりません。その際に、これまでの説明ではまだ不足している部分がありますし、最近の自治体の動向との関係で重要となっている歳出項目もあります。そこで、以下では補足的に目的別歳出と性質別歳出について説明を加えていきたいと思います。それを通じて、自治体の歳出を知ることのおもしろさを少しでも味わってもらえればと考えています。

2　目的別歳出

（1）目的別歳出の概要

図表21は地方自治体の目的別歳出の構成比をあらわしています。全体としてどのような行政分野が大きいのかは一番上の純計をみてもらえるとわかるのですが、実際には都道府県と市町村ではかなり違いがあります。

この図で都道府県と市町村の目的別歳出の構成比を見比べると、都道府県が市町村よりも大きいのは「教育費」「商工費」「農林水産業費」、市町村が都道府県よりも大きいのは「民生費」「衛生費」であることがわかります。*2 ここから読み取れることは、都道府県は教育や産業、市町村は福祉や公衆衛生に対する役割がそれぞれ大きいことです。都道府県において教育費の比重が大きいのは、市町村立の小中学校の教職員の給与等については都道府県が負担していることが大きな理由となっています（ただし、これらの小中学校の教職員はあくまで市町村の職員で

図表 21　目的別歳出の構成比（2017 年度）

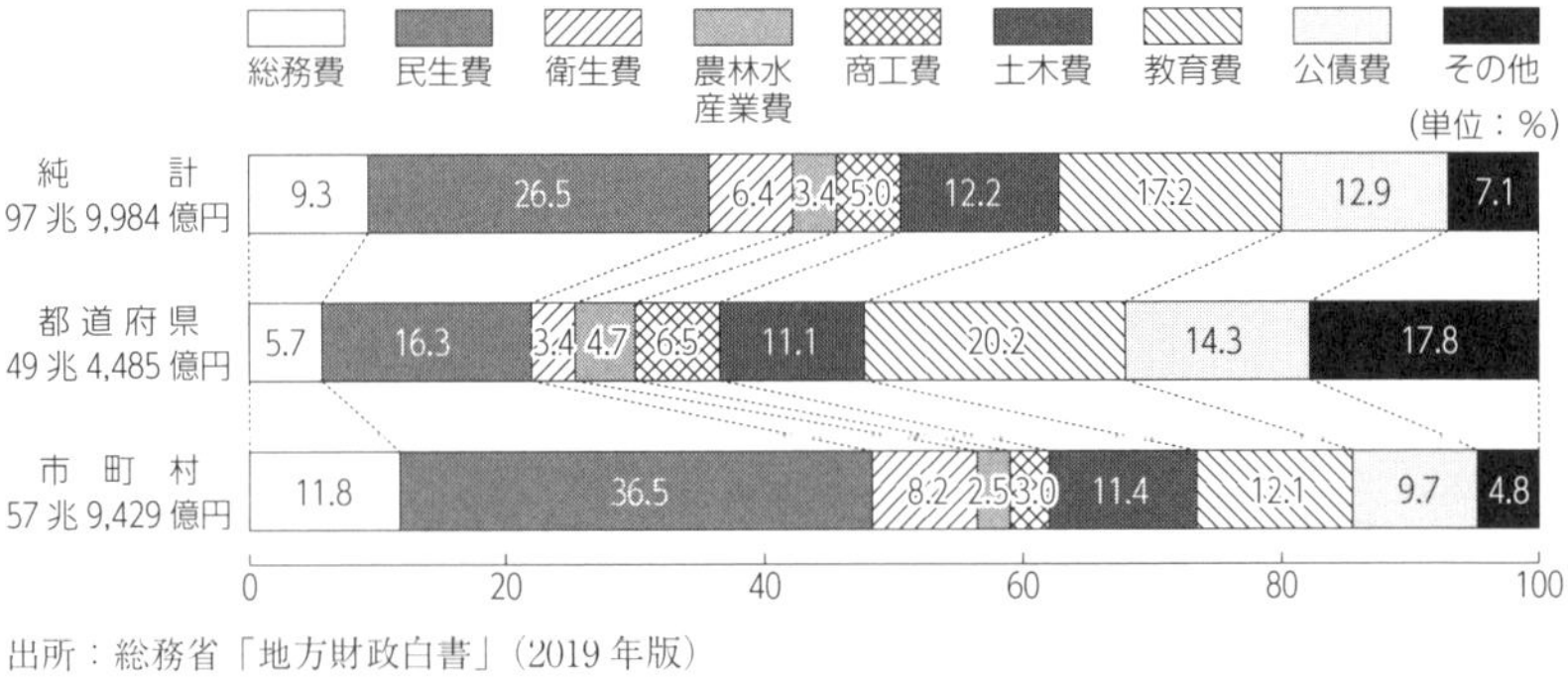

出所：総務省「地方財政白書」（2019 年版）

図表 22　民生費の推移（純計）

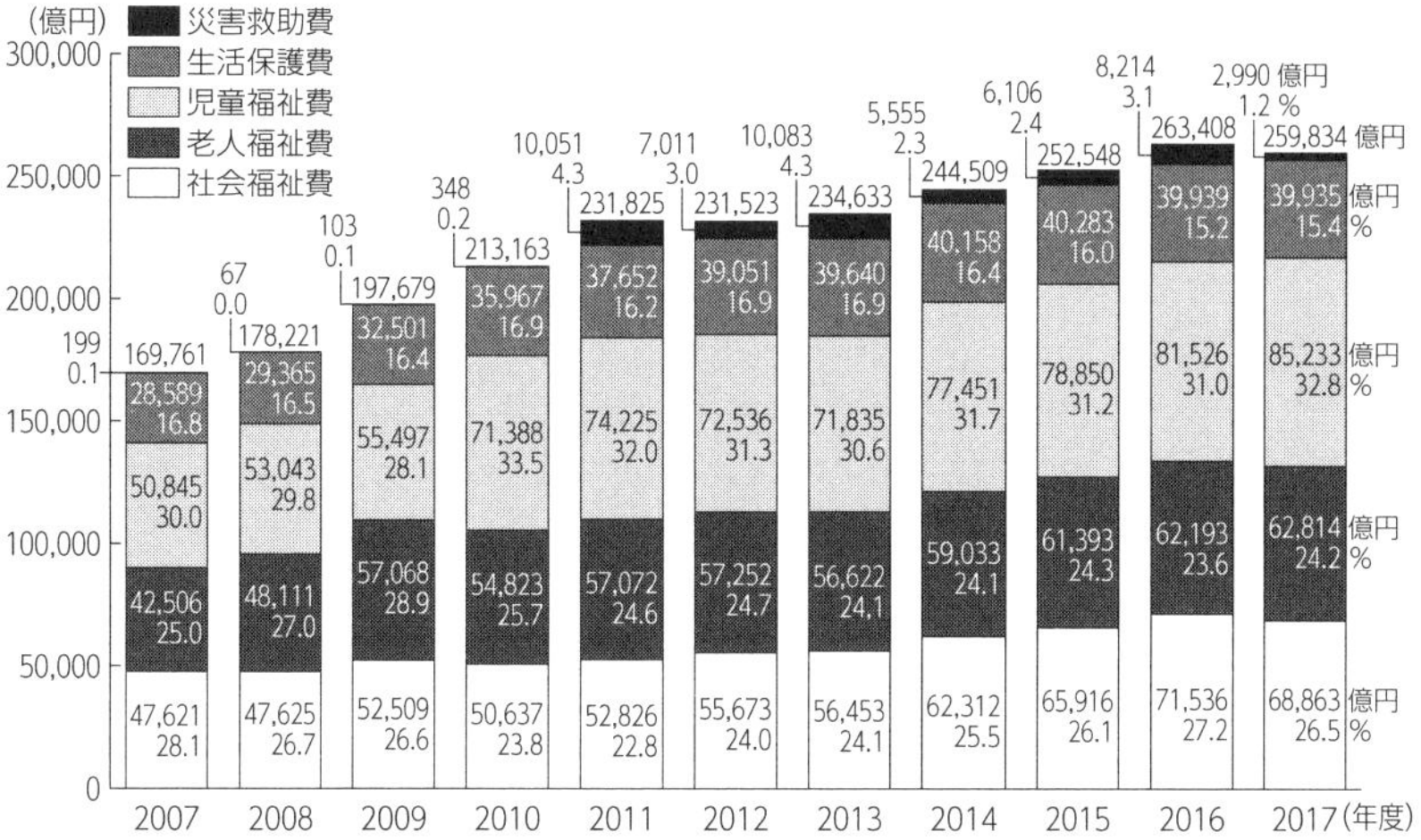

出所：総務省「地方財政白書」（2019 年版）

す）。このようにみれば、都道府県は教育等の大枠の部分や産業に関する行政を中心にしている一方で、市町村は福祉、教育、公衆衛生など住民生活に密着した分野を担っていることがわかります。

（2） 民生費をみる

近年の地方財政全体の特徴は民生費が急増していることです。このことは、民生費が比重の最大項目となっている市町村において大きな問題になっています。

図表22は、近年の民生費の推移を示したものです。ここにあるように、民生費は主に社会福祉費（障害者福祉等）、老人福祉費、児童福祉費（保育等）、生活保護費によって構成されています。最近の傾向はそのいずれかだけが伸びているのではなく、すべての費目が大きくなってきていることにあります。ちなみに、生活保護受給者の約半分は

高齢者ですので、生活保護費も老人福祉費としての役割をかなり果たしています。児童福祉費についても、この間の児童手当の増加や保育施策の充実策が大きく影響しています。２０１９年から始まった保育の無償化政策によって、児童福祉費は今後もますます増えていくことが予想されます。

民生費のうち約3分の2は自治体の一般財源でまかなわれています。そのため、民生費が伸びると自治体の「自分の財布のお金」である一般財源の負担額も大きくなっていきます。それが自治体にとって民生費が伸びていることの問題点であり、かりに民生費の伸びすべてが国庫支出金（補助金）などでカバーされているのであれば、自治体財政にとっては痛くもかゆくもないのです。

この民生費の増加にあらわれている福祉ニーズを行財政全体としていかに支えていくかは、国と地方全体に関わる重大な課題となっています。ただ国は自治体への財源措置はできるかぎり抑えたいと考えていますので、その中で住民福祉を支えていこうとすれば、各自治体が創意工夫をこらしていくしか直接的な方策がありません。民生費の財政分析を通じて、各自治体で効率的な福祉施策を展開していくことが重要となっているのです。それらが将来の国による財源措置につながっていくことにもなるのです。

3　性質別歳出

（1）性質別歳出の概要

性質別歳出についての構成比は**図表23**のようになっています。これも都道府県と市町村を比べて特徴的な点をいえば、都道府県は「人件費」「補助費等」、市町村は「扶助費」「繰出金」が大きくなっています。

都道府県の人件費が大きな理由は、目的別歳出のところで述べた市町村立の学校の教職員の給与等を都道府県が負担していることが大きな理由です。また、警察官も都道府県職員であり、その人件費もここに含まれています。補助費等が多くなっているのは、都道府県が市町村等に対してさまざまな分野で補助金や助成金を出していることが大きな要因です。

市町村で扶助費が大きいのは、先ほどみた民生費の伸びの理由と同じです。大まかにいえば、扶助費は民生費の中

図表23　性質別歳出の構成比（2017年度）

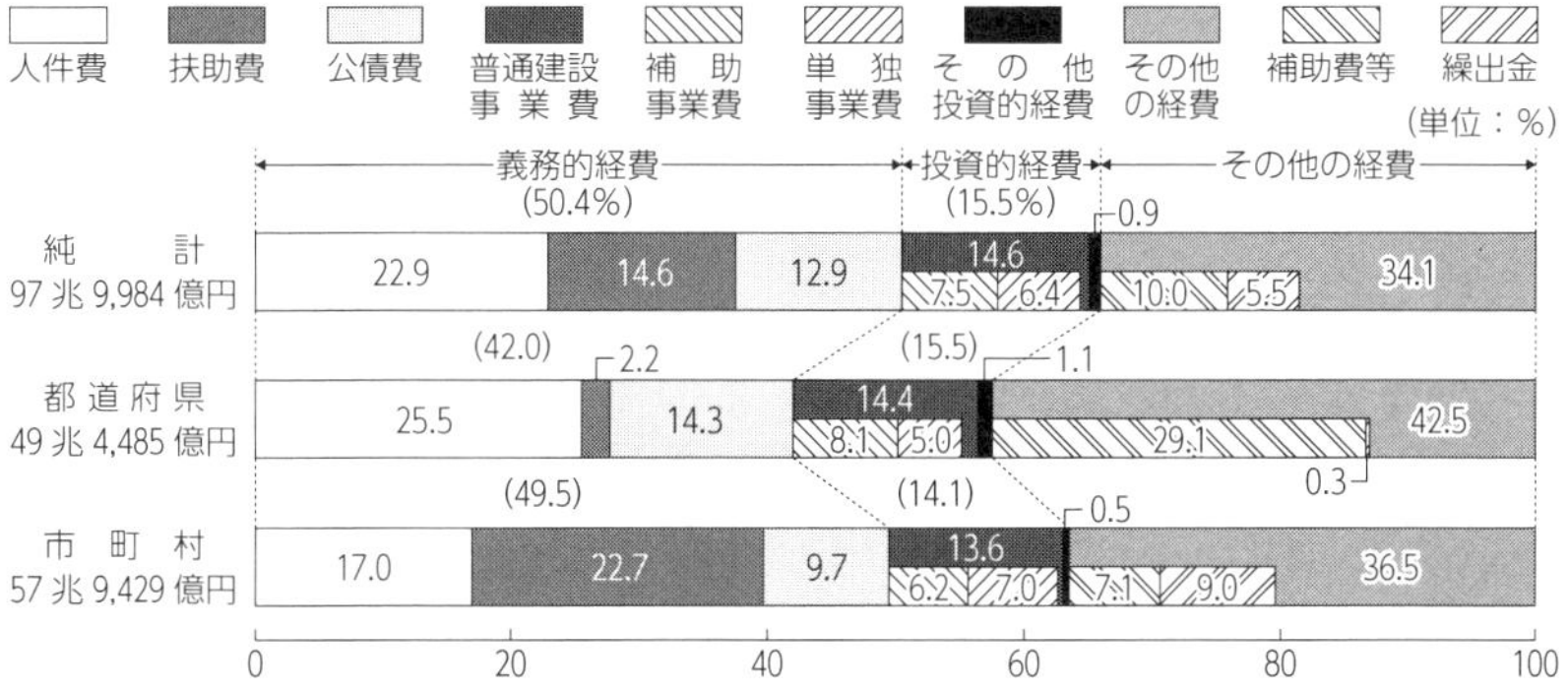

出所：総務省「地方財政白書」（2019年版）

の現金給付の部分であるといえます。近年は扶助費が伸びてきていますが、それは民生費の傾向と軌を一にするものです。また、市町村の繰出金が大きい理由は、国民健康保険、介護保険、後期高齢者医療保険などの特別会計を市町村が担っていることによっています。

図表23では、「その他の経費」として分類されている部分がかなり大きいことがわかります。この部分は性質別歳出の中でも近年大きくなってきているものです。その内訳としては、この図で書かれている「補助費等」や「繰出金」がありますが、それ以外で大きいのは「物件費」です。しかも、物件費はその名称とは異なり、内容が一般的な印象とは違ったものが多く占めています。さらには、この物件費は現在自治体で取り組まれている指定管理者制度やＰＦＩ（民間資金等活用事業）などと直接的な関係があります。そこで、次にこの物件費についてみていきたいと思います。

（2） 物件費をみる

図表24は最近の物件費の推移をあらわしています。この内訳をみると、その6割近くが「委託料」という項目になっていることがわかります。自治体が外部に委託する仕事の種類はさまざまですが、この部分で大きいのは施設管理や業務を委託するものであり、実質的には人件費といえるものです。*3 例えば、これまで自治体の直営で行ってきた公共施設の運営を指定管理者に委ねる場合には、それまで担当職員の人件費だったものが物件費（委託料）に変わるわけです。かつてはよく「財政を節約するために人件費を削らなければならない」という掛け声のもとに、自治体は業務の委託をどん

図表 24　物件費の推移（純計）

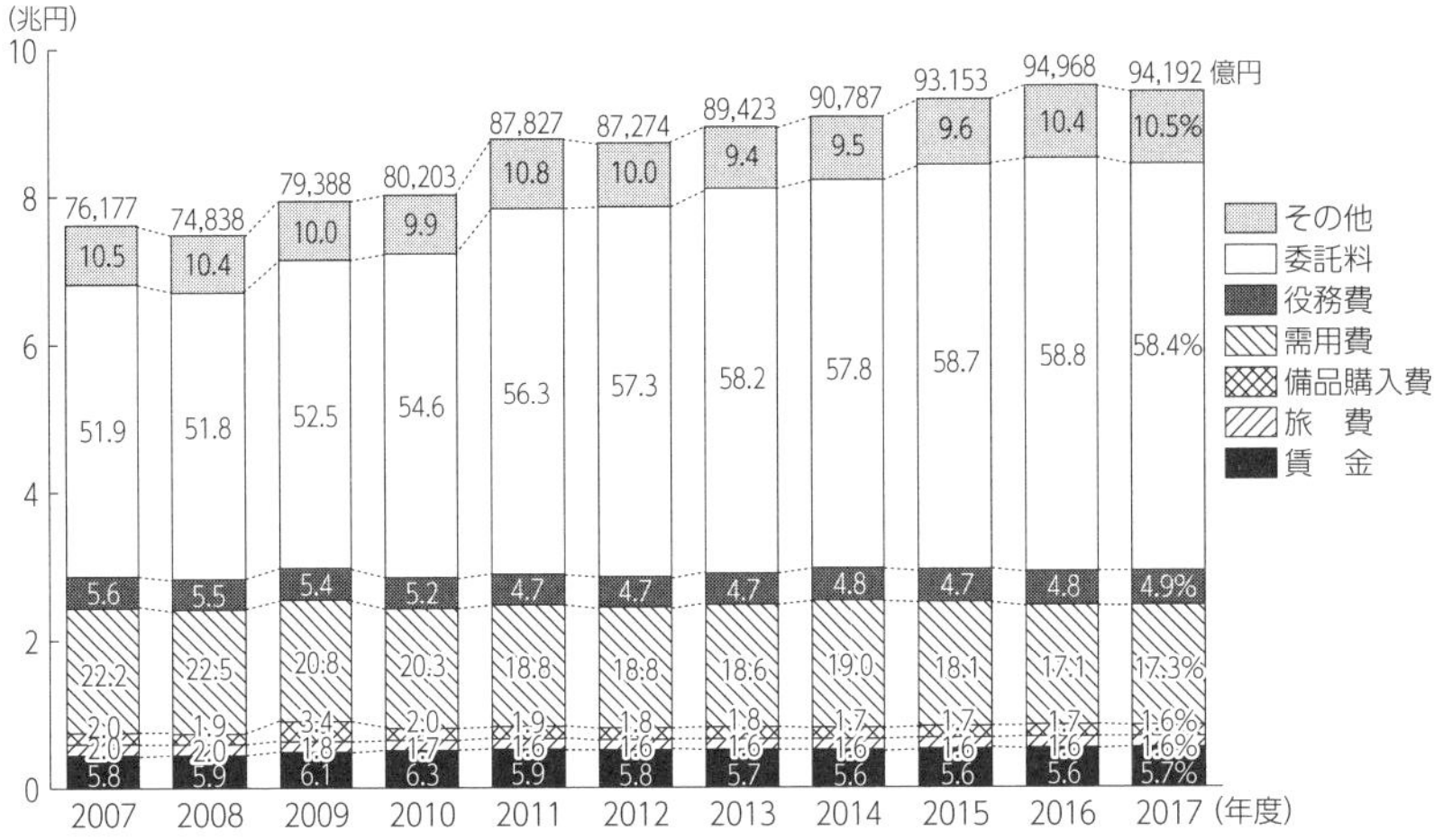

出所：総務省「地方財政白書」（2019 年版）

どん進めてきましたが、それがどのぐらいの財政節約につながったのかをみようとすれば、人件費だけでなく物件費についてもきちんと考慮しなければならないことがわかります。

　物件費について一つだけ応用例を述べておきたいと思います。多くの自治体では、「ＰＦＩ」（Private Finance Initiative）という言葉を見たり聞いたりするようになっています。ＰＦＩとは、公共施設を建てる場合にそれまで自治体が行ってきた企画・設計・資金調達・建設・運営・維持補修にいたる一連の業務のうち、基本的に企画以外のすべての部分を一括して民間事業者（ＰＦＩ事業者）に委託するというものです。国はこの制度を強く推進しているため、自治体もそれへの対応を進めている状況があります。このＰＦＩは物件費（委託費）と大きな関係があります。決してむずかしくはありませんので、以下の説明を読み進

図表 25　PFI の考え方

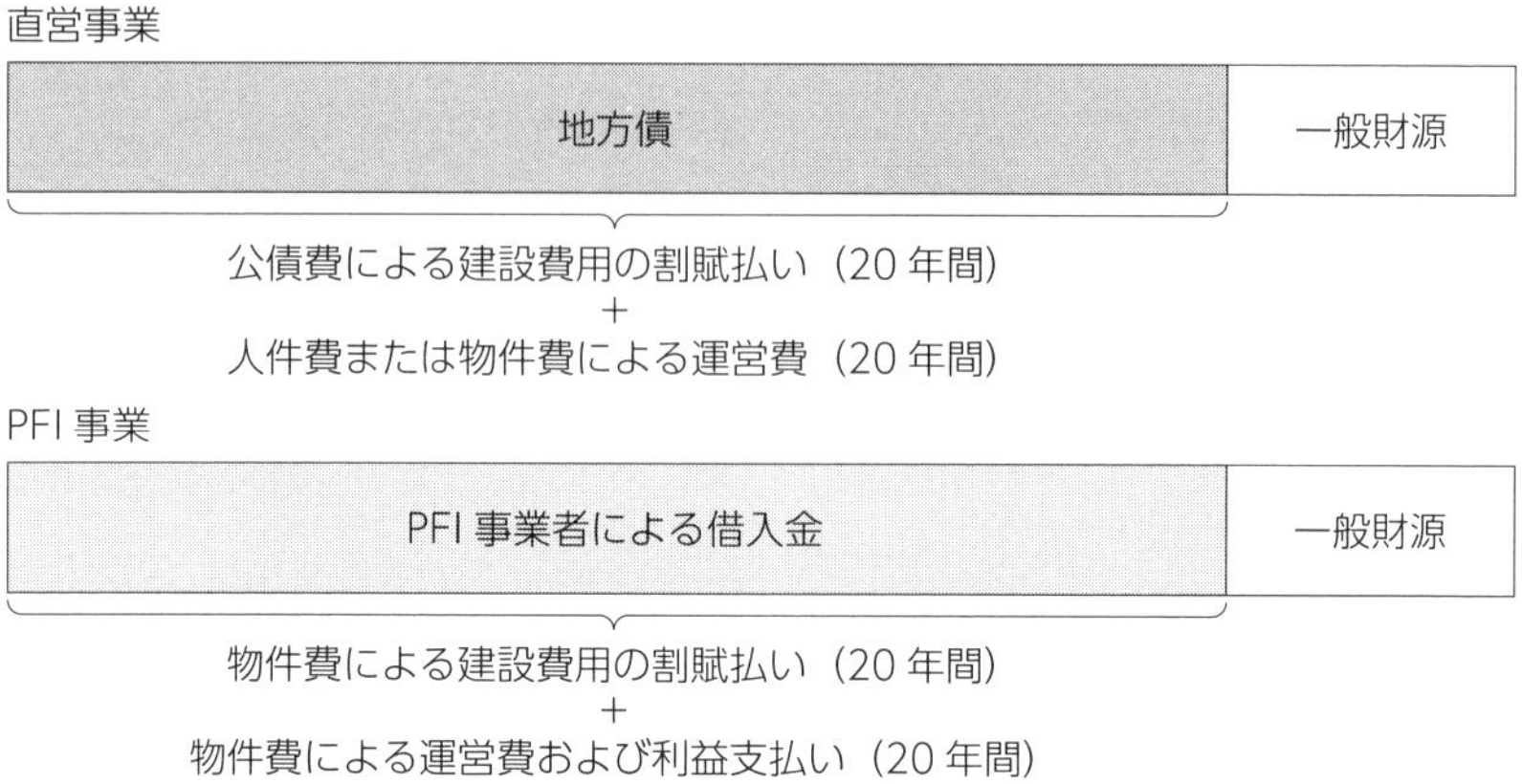

①借入金の利息の高さ、②利益支払いの必要、という 2 点から PFI の方が高価となり、さらにこれに自治体の監視費用が加わります。

出所：筆者作成

めてもらえればと思います。

図表25はＰＦＩ事業の仕組みを自治体の直営事業の場合と比較したものです。ここでは20年間の事業であることを想定しています。

自治体が直営事業として公共施設を建てる場合、財源のほとんどを地方債によって借り入れます（国庫支出金については直営事業とＰＦＩ事業の両方に共通するので、ここでは考慮から外してかまいません）。この地方債の借入先は金融機関となります。一方でＰＦＩ事業の場合には、ＰＦＩ事業者が同じく金融機関から資金を借り入れ、それを財源にして公共施設を建てます。この建設費用はいずれも金融機関からの借入によってまかなわれていますから、自治体もＰＦＩ事業者も「自分の財布のお金」を支出していません。では、「自分の財布のお金」をいつ支出するのかといえば、その後20年間にわたって毎年金融機関へ返済する元利償還金ということになります。自治体の歳出項目でいえば「公債費」がそれに当たるものです。ＰＦＩ事業者の場合には、この借入金返済のためのお金は20年間にわたって自治体から委託された施設の運営等に支払われる「物件費」の中に含まれていなければなりません。つまり、ＰＦＩ事業者の借入金の返済のための元利償還金は、運営費等のための費用にプラスされたかたちで、「物件費」の一部として自治体から支払われることになります。自治体の財政支出の仕組みからみれば、支出項目が公債費（直営事業）か物件費（ＰＦＩ事業）かが違うだけで、支払いのパターンは同じです。

ではは直営事業とＰＦＩ事業のどちらが自治体にとって得なのでしょうか。これは明らかに直営事業の方が得だということになります。その理由は、金融機関がお金を貸す場合に、自治体の方がＰＦＩ事業者（民間事業者）よりも利息が低くなるからです。つまり、同じ施設を建てる場合には、公債費の方が物件費（建設費用分）よりも安くなるのです。

さらに、20年間の運営費について考えてみましょう。自治体が施設の運営等を委託する場合には、ＰＦＩ事業の場合と同じく「物件費」による支払いが生じます。これは自治体が直営事業で運営を委託する場合も同じ「物件費」となり、金額も同じと考えてよいでしょう。ところが、ＰＦＩ事業の場合には民間事業者が企業として行っているため、その利益分を物件費に上乗せして支出しないといけないという状況が起こります。直営事業の場合でも、その委託を大手の民間企業等に行えば、ＰＦＩ事業の場合と同様に利益分を物件費の中に含めなければならなくなりますが、単純な委託事業においてはそのような状況は比較的少ないと考えられます。この場合、直営事業では実質的な人件費分だけが物件費になっていると想定できます。つまり、運営等についても、利益支払いにかかる分だけＰＦＩ事業の場合の方が直営事業よりも物件費が大きくなってしまう可能性が高いのです。

このほかにも、ＰＦＩ事業の場合にはそれを自治体が監視するためのさまざまなコストが必要になります。これらをみれば、直営事業よりもＰＦＩ事業の方がコストは大きくなり、それが自治体でこれまでほとんど実施されてこなかった理由だと考えられるのです。実際に、日本のＰＦＩのモデルとなったイギリスにおいても、英国会計検査院がＰＦＩ事業は建設費も運営費も直営事業より高くなるという調査報告書を２０１８年にまとめています。これを受けて、英国財務省は今後の新規案件に対してはＰＦＩという手法を用いないことを表明することになりました。

このように、性質別歳出の知識を少し応用するだけで、一見すると難しそうなＰＦＩに関する本格的な議論もできるようになります。それぞれの関心のある分野ごとに、このような応用をしてみていただければと思います。

（3）　公営企業への繰出金をみる

自治体はさまざまな公営企業とよばれる組織をもっています。これは特別会計＝公営事業のうち、企業体として自治体が設立・運営しているもので、水道、下水道、病院、交通などが典型的な分野です。自治体の公営企業は、民間企業でいえば子会社にあたるものです。民間企業が子会社とともに企業グループ全体としての利益を上げようとするように、自治体も公営企業と一緒になって住民福祉の向上をはかろうとしているのです。

自治体は公営企業が行っている事業を支えるために、自分たちの一般会計から公営企業に対して財政支出を行っています。それらは主に性質別歳出の「補助費等」や「繰出金」としてあらわれ、これも近年大きくなっています。公営企業の分野は住民生活に直結するものであるにもかかわらず、自治体の本体とは別の会計になっているために、その実態は一般会計よりもわかりにくくなっています。そこで、以下では公営企業と自治体の歳出との関係について説明しておきたいと思います。このような財政のやりとりは、一般会計と特別会計との関係では一般的なものです。

公営企業は料金など自らの収入によって経費をまかなう「独立採算制」をとっています。しかし、公営企業はあくまでも公益的な目的にしたがって自治体が運営しているものですから、その部分に対して必要な経費は自治体から支払われることになっています。[*4] これを「繰出基準」といって、そのための財源は原則として国から措置されています。この「繰出」という言葉は性質別歳出の「繰出金」という言葉と重複するので混乱しがちですが、補助費等（地方公営企業法が適用された公営企業等への支出）も繰出金（社会保険事業会計や一部の公営企業等への支出）も特別会計への「繰出」という点で同じ意味内容のものとして用いられています。ですので、以下でもところどころ「繰出（金）」という言葉が出てきますが、同じものを指していると理解していただいてかまいません。

図表26は、この繰出基準にしたがって、実際の繰出しにかかる自治体の一般会計からの支出についてみたものです。特別会計で行われている下水道事業の歳入をみれば、その中に繰入金（自治体

図表 26　繰出基準の例（下水道事業）

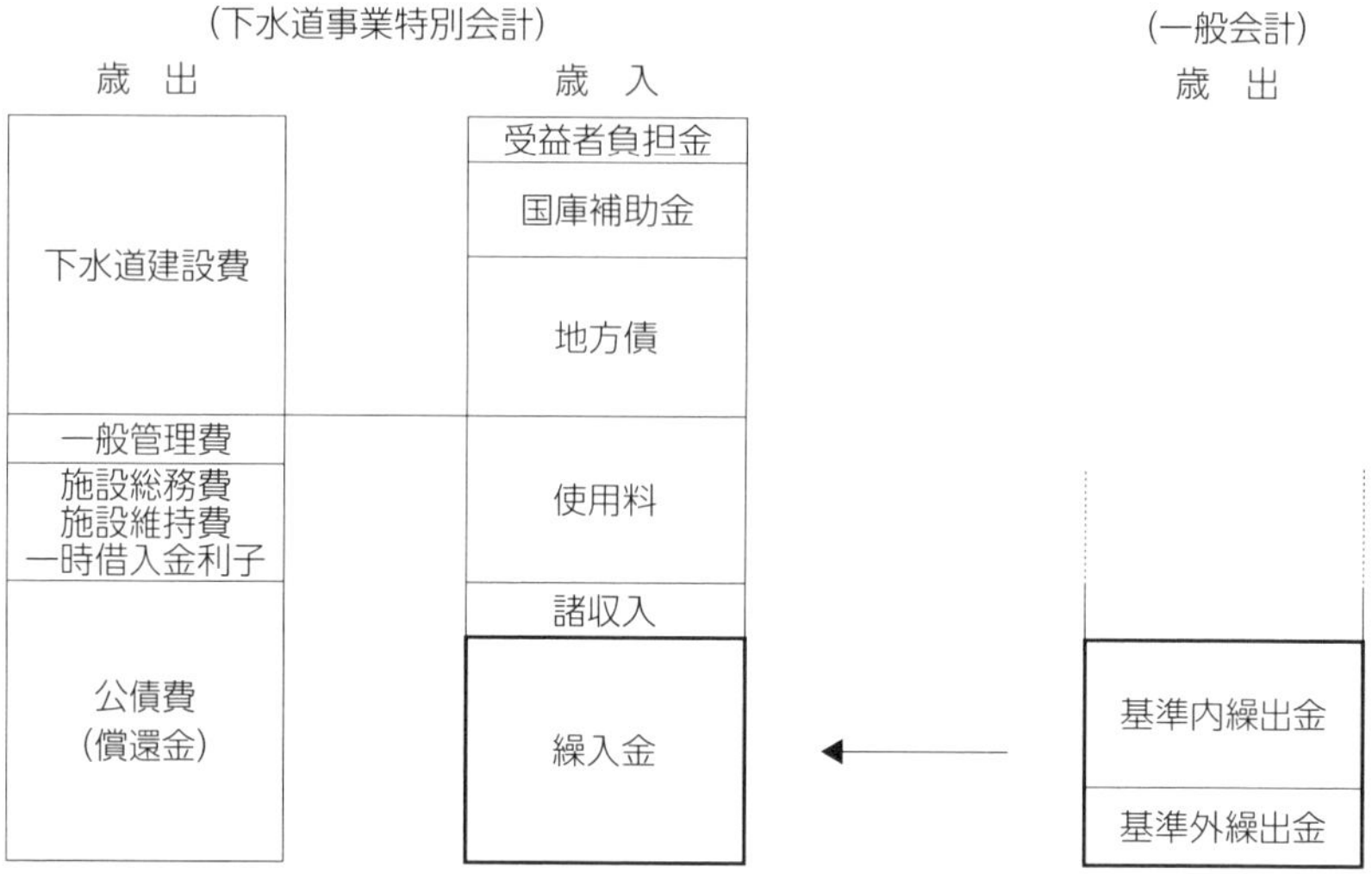

出所：鳥取県米子市資料より筆者作成

の一般会計からみれば補助費等や繰出金）が含まれていることがわかります。問題は、この繰入金のうち、自治体から繰出基準による繰入金（基準内繰出金）とそれ以外の繰入金（基準外繰出金）が入っていることです。基準内繰出金は国からの財源措置が自治体に行われているので、この部分については自治体の一般会計による実質的な負担は発生しません。ところが、基準外繰出金についてはそのような国による措置がありませんから、これが増えると自治体がそれだけ一般会計の負担を大きくする必要があります。この負担分は自治体の一般財源によってカバーされることになります。

基準外繰出金が支出される理由としては、①公営企業のサービスの使用料引き下げなどの政策的な目的、②公営企業の歳入不足の補てん、という二つのケースがあります。ところが、決算カードでは、性質別歳出の下に「公営事業等への繰出」という欄で各事業への支出総額が記載されているだけで、それらが繰出基準に沿ったものであるのかどうかがわかりません。そこで、それをつかむために、本書の「はじめに」でふれておいた「地方財政状況調査表」の該当ページを決算カードとの関係で示したいと思います。

図表27は、公営企業等に関連する決算カードの該当部分と地方財政状況調査表の該当ページとの関係をあらわしています。この上の方の表の部分が決算カードで、下の大きな表が地方財政状況調査表です。左上の表は決算カードの性質別歳出の一部を切り抜いたものです。ここには「補助費等」「繰出金」「投資・出資金・貸付金」という項目が含まれています。これらが自治体による公営企業等全体への主要な支出項目をあらわしています。この左上の部分から右上の部分にある「公営企業等への繰出」という決算カードの欄への支出の流れがあります。この欄には下水道をはじめ、いくつかの公営企業等が記されています。しかし、この段階ではいま問題としている基準外繰出金がどうなっているのかがわかりません。そこで、これを地方財政状況調査表の該当ページと照らし合わせてみたいと思います。**図表27**の下の表がそれにあたります。

ここで下水道事業についてみると、決算カードの「公営事業等への繰出」の下水道の分が地方財政状況調査表の下水道事業の欄の合計と一致していることがわかります。そこで、この内訳をみるとさまざまな繰出の項目があり、その中に含まれている「赤字補塡財源繰出」と「その他繰出」という部分が基準外繰出金の多くに該当します。「その他繰出」という項目はわかりにくいのですが、

財政状況調査表との関係

芦屋市「決算カード」（公営事業等への繰出）

公営事業等への繰出	合計	5, 511, 339
	下水道	1, 058, 696
	病院	915, 689
	駐車場整備	117, 500
	宅地造成	112, 305
	国民健康保険	899, 497
	その他	2, 407, 652

平成２８年度　４２頁

都道府県名　兵庫県

団体名　芦屋市

（単位：千円）

(6) 金 6 その他繰出	(7) 合計 (1〜6)	(8) うち人件費財源繰出	(9) 繰入金 1 借入金的繰入	(10) 2 その他繰入	(11) 合計 (1＋2)
	112, 305			468, 672	468, 672
	1, 058, 696	115, 298			
	117, 500				
	1, 288, 501	115, 298		468, 672	468, 672
752, 738	899, 497	146, 759			
204, 986	1, 146, 714				
952, 442	1, 200, 564	167, 156			
1, 910, 166	4, 535, 276	429, 213		468, 672	468, 672
				529, 505	529, 505
1, 910, 166	4, 535, 276	429, 213		998, 177	998, 177

決算剰余金の一般会計への繰入

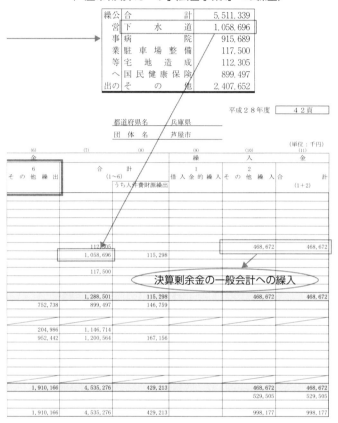

図表 27　決算カードと地方

芦屋市「決算カード」(性質別歳出)

補助費等	1,366,419
うち一部事務組合負担金	11,400
繰出金	4,535,276
積立金	1,848,983
投資・出資金・貸付金	411,321

大部分が基準外繰出金

[AGNHY234]

団体コード　２８２０６５
表番号　２７

公営企業（法非適）等に対する繰出し等の状況

会計別＼資金別		行	(1) 繰出 1 運転資金繰出	(2) 2 事務費繰出	(3) 3 建設費繰出	(4) 4 公債費財源繰出	(5) 5 赤字補填財源繰出
1 公営企業会計	(1) 交通事業	01					
	(2) 簡易水道事業	02					
	(3) 港湾整備事業	03					
	(4) 市場事業	04					
	(5) と畜場事業	05					
	(6) 観光施設事業	06					
	(7) 宅地造成事業	07		22,678	89,627		
	(8) 下水道事業	08		180,997	244,189	633,510	
	(9) 有料道路事業	09					
	(10) 駐車場整備事業	10					
	(11) 介護サービス事業	11					
	(12) その他事業	12					
	小計((1)～(12))			203,675	333,816	751,010	
2 国民健康保険事業会計	事業勘定	13		146,759			
	直診勘定	14					
		15					
3 後期高齢者医療事業会計		16		941,728			
4 介護保険事業会計	保険事業勘定	17		248,122			
	介護サービス事業勘定	18					
5 農業共済事業会計		19					
6 収益事業会計		20					
7 交通災害共済事業会計		21					
		22					
合計　(1～7)				1,540,284	333,816	751,010	
8 基金		23					
9 財産区		24					
総計　(1～9)		25		1,540,284	333,816	751,010	

出所：芦屋市「地方財政状況調査（決算統計）・決算カード・財政状況資料集」より筆者作成

ここが多くなると基準外繰出金としての自治体の一般会計からの支出が大きくなっていることを示しています。

このような公営企業等への基準外繰出金が大きくなっていれば、それだけ自治体の「自分の財布のお金」である一般財源がそれに使われてしまっていることをあらわしています。自治体としては、その分だけ当然ほかの公共サービスへ回す予算を削らなければならなくなります。このような比較を行いながら、一般会計と特別会計との関係を絶えずみていくことが重要です。

なお、この地方財政状況調査表の右上に「繰入金」という欄があります。これも自治体の一般会計と関連するので補足しておきたいと思います。公営企業は独立採算制をとっていますので、場合によっては利益（決算剰余金）が出ることがあります。自治体はこれを一般会計へ繰り入れてもらうことが可能です。この表では宅地造成事業会計において「その他繰入」の欄に金額が記載されていますが、これは当該事業において利益が発生し、それを一般会計に繰り入れさせたことをあらわしています。

このように、決算カードではつかみきれない部分については、その基になっている地方財政状況調査表をみることによって、かなりのことまでわかるようになっているのです。

（4） 目的別歳出と性質別歳出をクロスする

最後に、これまでバラバラであった目的別歳出と性質別歳出をクロスした場合に、何がわかるのかを述べておきたいと思います。

決算カードでは目的別歳出と性質別歳出がそれぞれ別に示されており、これら両者の関係については示されていません。これは決算カードという限られたスペースによる限界の一つとなっています。しかし、この両者の関係がわかれば、さらにさまざまな点について知ることができます。例えば、目的別歳出の各項目のうち、どこに人件費（性質的歳出）が多く使われているのかなどがわかるようになります。このような目的別歳出と性質別歳出の関係を知るために必要なクロス表についても、地方財政状況調査表の中には含まれています。

図表28は、地方財政状況調査表にある民生費と衛生費のページを抜き出したものです。この表の横の欄が目的別歳出、縦の欄が性質別歳出の内訳を示しています。いうまでもありませんが、このような表は地方財政状況調査表の中において、目的別歳出のすべての項目ごとに掲載されています。

このクロス表からわかることは、目的別歳出である民生費と衛生費の中に人件費や物件費などの性質別歳出の項目がどれぐらい支出されているかということです。このようなことがわかれば、例えば「人件費を削減しなければならない」と一般的に論ずるのではなく、いったいどの目的別歳出の費目に人件費が多く支出されているのかを把握した上で、より具体的な検討を行うことが可能となります。

さらにもう一点は、目的別歳出と性質別歳出の両方において、決算カードでは記載されていなかった各費目の詳細が記されていることです。例えば、決算カードでは民生費の総額しかわかりませ

性質別歳出のクロス表

平成２８年度 １０～１１頁

(その２)

都道府県名　兵庫県

団　体　名　芦屋市

(単位：千円)

(5)	(6)	(7)	(8)	(9)	(10)	(11)
費		四、衛生費				
4. 生活保護費	5. 災害救助費	総額	1. 保健衛生費	2. 結核対策費	3. 保健所費	4. 清掃費
58, 293	19, 462	596, 861	211, 363			385, 498
45, 516	16, 403	466, 274	145, 764			320, 510
19, 751	2, 329	1, 689, 677	725, 345			964, 332
		90, 349	24, 328			66, 021
1, 191, 174	120	67, 086	67, 086			
26, 909		621, 555	600, 484			21, 071
26, 402		779	204			575
507		94	94			
		620, 682	600, 186			20, 496
		305, 862	150, 280			155, 582
		305, 862	150, 280			155, 582

者作成

[AGNHY210]

団体コード　２８２０６５
表番号　　　０８

歳出内訳及び財源内訳

目的別 / 性質別	行	(1) 三、民生 総額	(2) 1. 社会福祉費	(3) 2. 老人福祉費	(4) 3. 児童福祉費
一 人件費	01	1, 717, 779	394, 273	65, 006	1, 180, 745
うち職員給	02	1, 245, 731	296, 745	51, 486	835, 581
二 物件費	03	851, 187	537, 299	73, 580	218, 228
三 維持補修費	04	16, 625	2, 985	263	13, 377
四 扶助費	05	6, 686, 691	1, 957, 436	175, 123	3, 362, 838
五 補助費等	06	306, 657	119, 495	77, 043	83, 210
1 国に対するもの	07	43, 572	4, 302	24	12, 844
2 都道府県に対するもの	08	15, 814	4, 167	203	10, 937
3 同級他団体に対するもの	09	3, 842			3, 842
4 一部事務組合に対するもの	10	4, 008		4, 008	
5 その他に対するもの	11	239, 421	111, 026	72, 808	55, 587
六 普通建設事業費	12	91, 905	3, 998	16, 616	71, 291
1 補助事業費	13	3, 185		3, 185	
2 単独事業費	14	88, 720	3, 998	13, 431	71, 291
3 国直轄事業負担金	15				
4 県営事業負担金	16				
5 同級他団体施行事業負担金	17				
6 受託事業費	18				
(1) 補助事業費	19				
(2) 単独事業費	20				
七 災害復旧事業費					
1 補助事業費					
2 単独事業費					
3 県営事業負担金					
4 同級他団体施行事業負担金					
5 受託事業費					
(1) 補助事業費					
(2) 単独事業費					
八 失業対策事業費					
1 補助事業費					
2 単独事業費					
九 公債費					

出所：芦屋市「地方財政状況調査（決算統計）・決算カード・財政状況資料集」より筆

んでしたが、ここでは民生費の内訳である社会福祉費や老人福祉費などに区分された経費まで記されており、しかも、それらの費目ごとに性質別歳出の各費目がどのくらい含まれているのかがわかるようになっています。同じことは性質別歳出についても当てはまり、例えば決算カードには記載のなかった補助費等がどういった団体等へ使われているのかということが地方財政状況調査表の中では記されています。

このように、決算カードの基になった地方財政状況調査表には重要な情報がたくさん含まれています。最初にも述べたように、自治体の財政（決算）に関するすべての情報がこの地方財政状況調査表に記載されています。これらはすでに総務省がインターネットを通じて表計算ソフト上で公開していますが、一覧として見るうえでは使い勝手がよいとはいえません。自治体の中でもこれをインターネットで公開しているところはまだ多くありません。このような情報はやはり実際の冊子の方が見やすいのは間違いなく、ぜひみなさんにもご自分の自治体のものを入手していただくことをおすすめします。もちろん、この地方財政状況調査表は自治体が公開すべきものですし、数値としては実際にも総務省が公表しているのですから、自治体が皆さんの入手の要請に応えないということはあってはならないことです。

歳出についてはほかにもたくさんのことを分析することができます。本書で学ばれた基本をベースにして、ぜひ関心のある分野の分析に取り組んでいただければと思います。

注

1　国の歳出でも同様に目的別歳出と性質別歳出があります。

2　「総務費」も市町村の方が都道府県よりもかなり比重が大きいですが、これは自治体数によって大きく変わるので、市町村の方が大きくなるのは自然だといえます。

3　物件費の中の「賃金」は非正規職員等に対するもので、これも実質的な人件費といえます。

4　例えば、水道事業による公共の消火栓や病院事業を通じたへき地医療の確保などがこのような事例です。

第4章 財政収支

自治体財政の黒字と赤字

「赤字」とは何でしょうか？「そんな簡単なことについて、何をいまさら」という声が聞こえてきそうです。しかし、これは単純にみえて、よく考えてみるとなかなか一筋縄ではいかないことがわかると思います。

一例をあげましょう。ある家計の今月の収入が30万円で支出が40万円だったとします。これは普通に考えれば間違いなく赤字ですし、事実そのとおりです。しかし、この家計が今月の収支は赤字になることを見越して、あらかじめ預金から15万円を引き出して収入に繰り入れていた場合はどうでしょうか。その場合、この家計の収入は45万円、支出は40万円となり、これだけをみれば5万円の黒字ということになります。つまり、黒字か赤字は、どの時点で区切るのかによって変わってくるのです。

もう一つ別の例をあげてみましょう。ある企業の黒字（＝利益）が今年1億円だったとします。これだけをみれば「まずまずじゃないか」ということになりますが、この企業の黒字が前年は4億円、

2年前が10億円、3年前が18億円だったとしたら、今年の1億円という黒字はどのように評価できるでしょうか。普通であれば、「このままではまずい。もうすぐ赤字に転落してしまう」ということが容易に予測できます。このような状態を把握しようと思えば、それまでの黒字と比較して今の黒字がどの程度のものであるのかを経年の変化でみなければならないことがわかります。例えば、今年の1億円という黒字は前年の4億円を基準にすれば、3億円のマイナス（=赤字）と考えることもできるわけです。

このように、黒字・赤字というのは、それをみる時点や見方によって変わってきます。自治体の財政も同じで、どのような時点や見方で判断するかによって違ってきます。ですので、それぞれの黒字・赤字の意味を理解し、自分が知りたい内容と照らし合わせた上で、これらの黒字・赤字の数字を適切に把握することが大切になります。

本章では、この自治体の黒字・赤字つまり「財政収支」についてわかりやすく解説していきます。また例によって、これも家計のモデルを使って説明していきたいと思います。その上で、現実の自治体の事例に則して、この黒字・赤字の見方とそこから得られる財政運営の教訓についても述べたいと思います。

1　4種類の財政収支の指標

(1)　決算カードで理解する

決算カード(14・15頁)をみてください。右上に「財政収支」(収支状況)と書かれている欄があります。ここが自治体の黒字・赤字をあらわす部分になります。

この欄には10個の項目が2か年度にわたって並べられています。これらは相互に関係しており、全体で4種類ある黒字・赤字の数字を導き出すために必要な項目の流れが上から順番に記述されています。ですので、自治体の財政収支をみる際にもここを上からみていけば、それぞれの段階の黒字・赤字が順番に計算されているという構造になっています。決してむずかしくありませんので、順を追いながら実際にみていきましょう。

図表29は大阪府八尾市の決算カードから「財政収支」の部分を抜き出したものです。これを使って、自治体の黒字・赤字を説明していきましょう。

「収支状況」の最上段には「歳入総額」、その下には「歳出総額」があります。これは文字通り自治体の歳入と歳出の合計額をそれぞれあらわしたものです。歳入総額から歳出総額を引けば、一つ目の黒字・赤字の指標が出てきます。これが「歳入歳出差引」(または形式収支)とよばれる数字です。これは「歳入総額－歳出総額＝歳入歳出差引」であらわされます。八尾市の場合には、98,684,190－

図表 29　自治体財政の収支状況（大阪府八尾市、2017・2016 年度）

区分		2017 年度（千円）	2016 年度（千円）
収支状況	歳入総額	98,684,190	95,471,728
	歳出総額	98,630,071	95,396,771
	歳入歳出差引	54,119	74,957
	翌年度に繰越すべき財源	17,225	39,135
	実質収支	36,894	35,822
	単年度収支	1,072	-13,113
	積立金	46,613	46,073
	繰上償還金	143,700	58,300
	積立金取崩し額	280,000	480,000
	実質単年度収支	-88,615	-388,740

出所：大阪府八尾市「決算カード」

98,630,071＝54,119 となっています（単位は千円、以下同様）。

この「歳入歳出差引」の中には、当該年度に支出を約束しているにもかかわらず、何らかの理由で翌年度にその支出を先延ばしした内容が含まれていることがあります。例えば、工事業者に事業を請け負ってもらったけれども、工事の完成時期が年度をまたぐことになったため、当該年度にはそれまでの工事費用分しか支払いができなくなったようなケースです。そのため、残りの工事費用分は翌年度の支出へ回さざるを得ません。この場合は、工事全体は約束してしまっているので、残りの工事費用分はすでに支出として発生していると考えます。そこで、この分の支出を「翌年度に繰越すべき財源」として、当該年度の支出の一部とみなすことが適切だということになります。これを考慮して再計算したのが「実質収支」で、式としては「歳入歳出差引－翌年度に繰越すべき財源＝実質収支」となります。要するに「翌年度に繰越すべき財源」とは、今年度の歳入歳出差引で計算された黒字額から差し引かれる部分のことです。そのため、歳入歳出差引よりも実質収支の方が黒字額は少なくなります。同じく八尾市の数字に当てはめれば、54,119－17,225＝36,894になっていることがわかります。これが二つ目の黒字・赤字の指標です。

この「実質収支」が、自治体の黒字・赤字をあらわす最も大切な指標です。自治体が「自分のところは黒字か赤字か」を示す場合、この実質収支の数字を用いています。これは国が自治体をみる場合も同じで、その自治体の黒字・赤字の判断は実質収支に基づいて行っています。ちなみに、決算において、結果として自治体が実質収支の赤字を出すことはあるのですが、最初から予算で自治体が実質収支の赤字を前提とした「赤字予算」を組むことは法律で禁止されていると解釈されています。*1

「実質収支」のすぐ下にあるのが「単年度収支」です。これは先ほど例にあげた企業の黒字・赤字の変化についてみたときの考え方と同じです。つまり、単年度収支とは、当該年度の実質収支からその前年度の実質収支を差し引いたもので、式としては「当該年度の実質収支－前年度の実質収支＝単年度収支」ということになります。八尾市の決算カードでは２０１７年度と２０１６年度の実質収支の差額であらわされ、具体的な数字では36,894－35,822＝1,072が２０１７年度の単年度収支となっています。これは前年度の黒字との比較でみれば、当該年度の黒字は１０７万円ほど伸びたということをあらわしています。企業でいえば「業績アップ」ということになります。*2 この単年度収支が三つ目の黒字・赤字の指標です。

ところで、単年度収支までのところでは、基本的には実際に自治体が行った支出や収入の中身をみて、それが果たして本当に支出や収入という項目に含まれるべき性格のものかどうかということは考慮されていません。もう少しわかりやすくいえば、先ほど家計で例えたように、貯金を取り崩して収入に組み入れるといったケースです。普通に考えれば、この部分は、本来は収入としてみなすべきではなく、それはなかったものとして計算してやるべきだということになるでしょう。逆に、支出の項目でも貯金に回した分については、本当は支出としてみなさずに黒字の部分としてとらえた方が、家計の本来の経済力を計るという点では望ましいといえるでしょう。最後の黒字・赤字の指標である「実質単年度収支」は、三つ目の指標である単年度収支から、このような本来は収入や支出とみなすべきでない項目をそれぞれから除外して、そのときの自治体の財政収支の「真の実力」を示したものになっています。

「実質単年度収支」について再び八尾市の決算カードでみていきましょう。先ほどみた単年度収支の下に「積立金」と「繰上償還金」という項目があります。これはそれぞれ基金（＝財政調整基金）へ積み立てたお金と、地方債を償還期限前に繰上返済したお金を表しています。いずれも本来は支出する必要がなかったもので、自治体の「真の実力」をみるためにはこれらの支出はなかったとみなしてやる方が適切です。他方で、この下に「積立金取崩し額」があります。これは基金（＝財政調整基金）から取り崩して歳入に繰り入れたお金をあらわしており、本来は歳入の中に入れるべき性格のものではないと考えられるものです。家計の貯金取崩しに当たるケースです。これらを考慮して、「積立金」と「繰上償還金」は支出しなかったものと考え（プラスの要素になります）、反対に「積立金取崩し額」は収入としてみなさない（マイナスの要素になります）という計算を再び行うことで、単年度収支を再計算したものが「実質単年度収支」という黒字・赤字の指標です。

この「実質単年度収支」を式であらわせば、「単年度収支＋積立金＋繰上償還金－積立金取崩し額＝実質単年度収支」ということになります。これを八尾市の決算カードの数字で計算すると、1,072＋46,613＋143,700－280,000＝△88,615となり、実際の金額もこれに一致していることがわかります。ちなみに、「積立金取崩し額」は先にみた「積立金」とまったく逆の運用をしており、八尾市のようにそれがどちらにも数字で入っていることに違和感を持たれる読者もおられるでしょう。これは、実際の財政運営において、基金からお金を取り崩す一方で、決算時点では財源が余ったので再び基金として積み立てたという動きがあらわされているためです。

このように、決算カードの「収支状況」のところは、歳入歳出差引（形式収支）、実質収支、単年度収支、実質単年度収支という四つの黒字・赤字の指標に基づく金額と、それらを導き出すために必要な項目・金額が順番に並べられていることがわかります。このことさえわかれば、「収支状況」の欄はよくわからない用語に数字が羅列されているのではなく、自治体の財政収支をいくつかの視点からみるために必要な情報が整然と並べられていることが理解できると思います。

以上の四つの自治体財政の収支の指標をまとめたのが**図表30**です。また、それを図で示したものが**図表31**になります。

おそらくこれまでのような解説がないまま、**図表30**のように文字にして説明したり、図にしたり

図表30　自治体の財政収支をあらわす4つの指標

・歳入歳出差引（形式収支）：歳入決算額から歳出決算額を単純に差し引いた額
　歳入歳出差引＝歳入決算額ー歳出決算額
・実質収支：歳入歳出差引（形式収支）から事業繰越等に伴い翌年度に繰り越すべき財源を差し引いた額（当該年度に属すべき収入と支出の実質的な差額）
　実質収支＝形式収支－翌年度へ繰り越すべき財源
・単年度収支：当該年度の実質収支から前年度の実質収支を差し引いた額（当該年度のみの実質的な収入と支出の差額）
　単年度収支＝当該年度の実質収支－前年度の実質収支
・実質単年度収支：単年度収支に当該年度に措置された黒字要素（財政調整基金積立金、地方債繰上償還金）および赤字要素（財政調整基金取崩し額）を除外して、実質的な単年度収支を表した額
　実質単年度収支＝単年度収支＋財政調整基金積立額＋地方債繰上償還額－財政調整基金取崩し額

出所：筆者作成

するだけでは、なかなか理解するのがむずかしいと思います。また、たとえ上記のような解説があったとしても、それでもまだ堅苦しいと感じて拒否反応が出てしまいそうな読者もおられるでしょう。

そこでこれまでのように、このような自治体の財政収支の指標を家計に当てはめてみていきたいと思います。もちろん、すでに上記の説明で十分な読者の方は次の家計のモデルの部分については飛ばして読み進んでいただいても大丈夫です。

(2)　家計で理解する

図表32はこれまでの財政収支の話を家計になぞらえたものです。それぞれの項目の横または下に書かれている数字は万円を単位にしていると考えてください。また、カッコ内に入れてある項目はすでにこれまで説明してきた実際の自治体の財政収支等の用語を当てはめていますので、これらも適宜参照していただければと思います。

図表31　自治体の財政収支の算出イメージ図

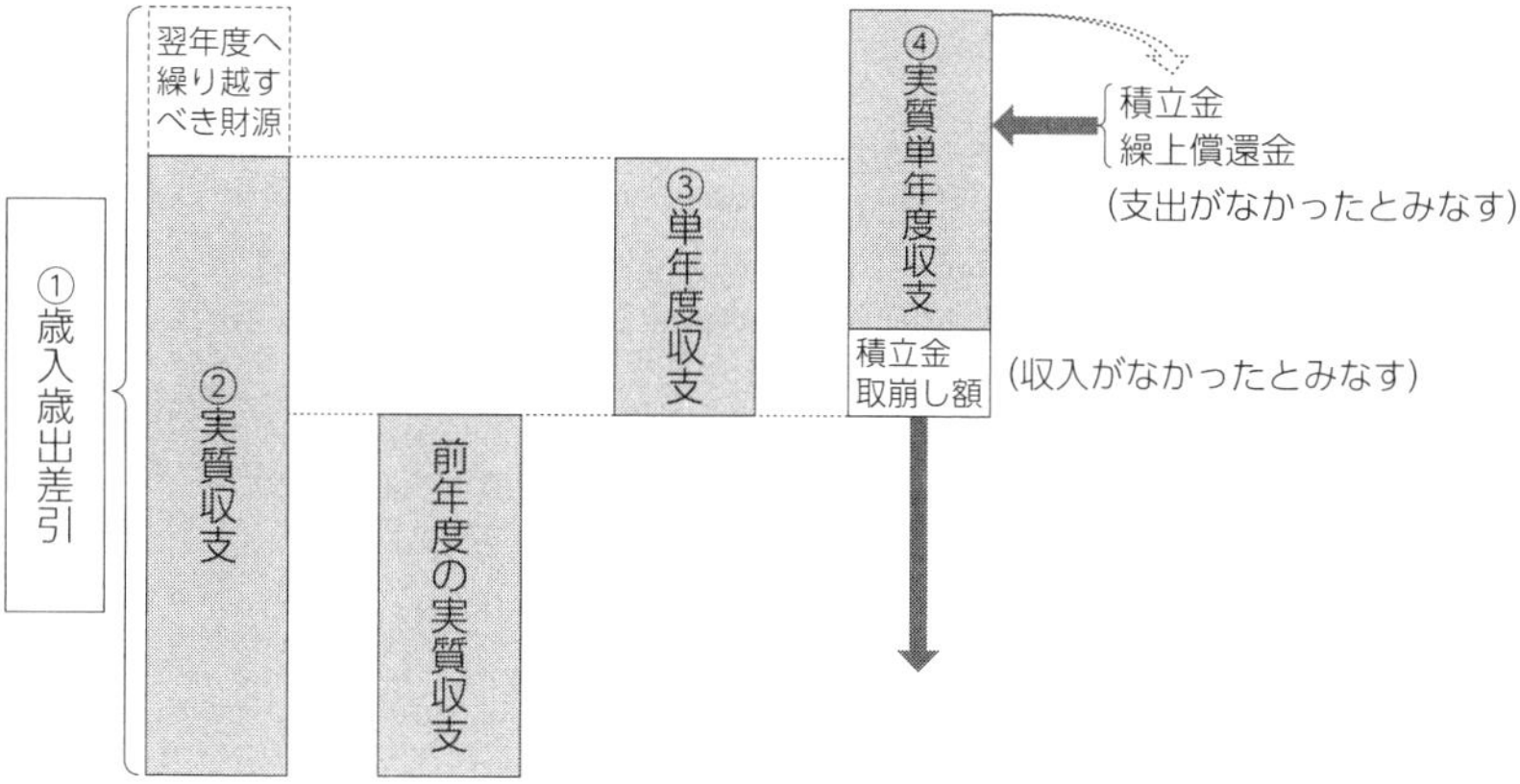

出所：筆者作成

この図も一見ややこしそうにみえますが、以下で順を追って説明をしていきますので、実際の家計を想像しながら読み進めてくだされればと思います。ただし、これはあくまで現実の財政運営を前提とした例えなので、実際の家計から考えると少し違和感のある部分が出てきます。そうした部分については「そんな感じなのか」くらいの感覚でとらえておいていただければ結構です。話の流れは図の左から右へと進んでいきます。

まず一番左をみてください。この家計では、この月の支出が最初は50万円かかると見込んでいたと仮定します。それに対して、「給料」は25万円しかなく、両親世帯から「仕送り」を10万円受けることになっていましたが、それでも15万円足りません。そこで仕方がないので、「カードローン」で5万円を借り、また「貯金」から6万円を取り崩すことによって、収支不足をまかなうことにしました。その途中では、「先月がんばって節約して余っていたお金があった！」と気づいて、この「先月の実質的な黒字」の4万円をタンスから取り出してきて収入に充てることができました。これで今月の収入は合計で50万円となりました。

次は「支出」（左から2列目）です。この月がんばって支出の切り詰めに努めたため、当初は50万円かかると見込んでいた「生活費」を40万円ですますことができました。そこで「生活費」ではないのですが、せっかくなので借金の繰上返済を3万円行い、さらに2万円を貯金として積み立てる（＝支出する）ことにしました。ここまでの支出の合計は45万円ですので、収入が50万円であったことを考慮すれば、この家計はこの月に5万円の黒字が発生したことになります。この5万円が「今月の黒字」＝「**歳入歳出差引**」（**形式収支**）となります。

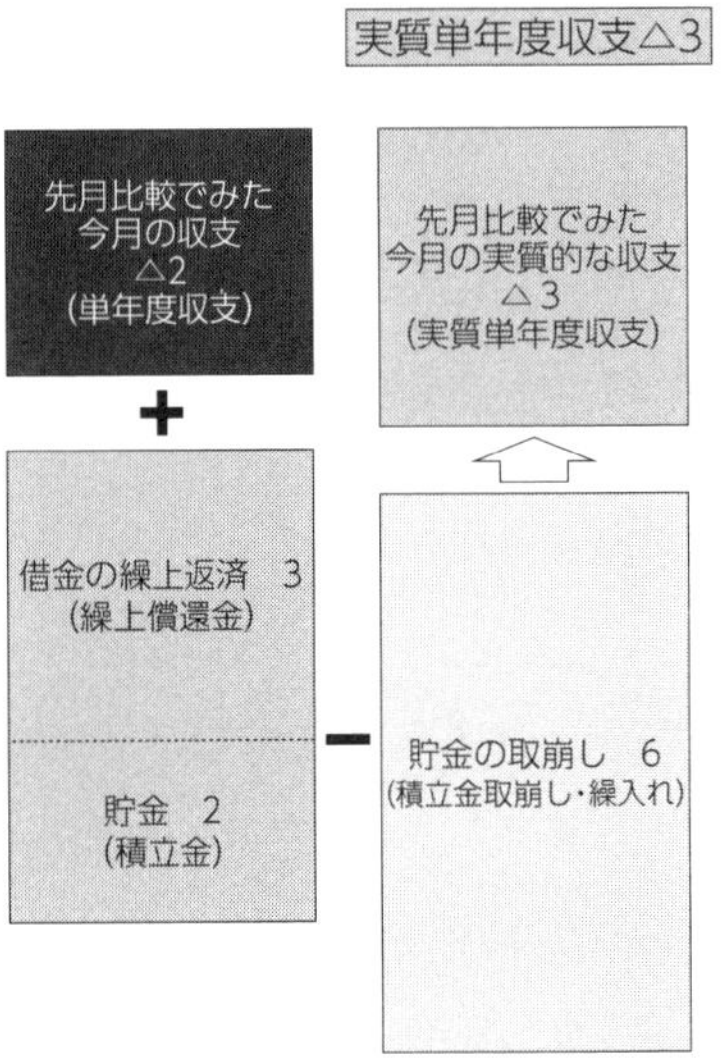

「支出」の欄の一番下をみてください。実はこの月にはすでに使ってしまった経費で、支払いが来月になっているものがありました。それが「来月支払いの電気代」の3万円です。これは実質的には経費として発生しているものですが、まだ支払いがなされていない部分になります。この支払い分は翌月に「繰越すべき財源」にあたるものです。そこで、これをこの月にすでに経費として支払いのあったものとみなし、これを先ほどの「歳

図表32　家計で財政収支を考える

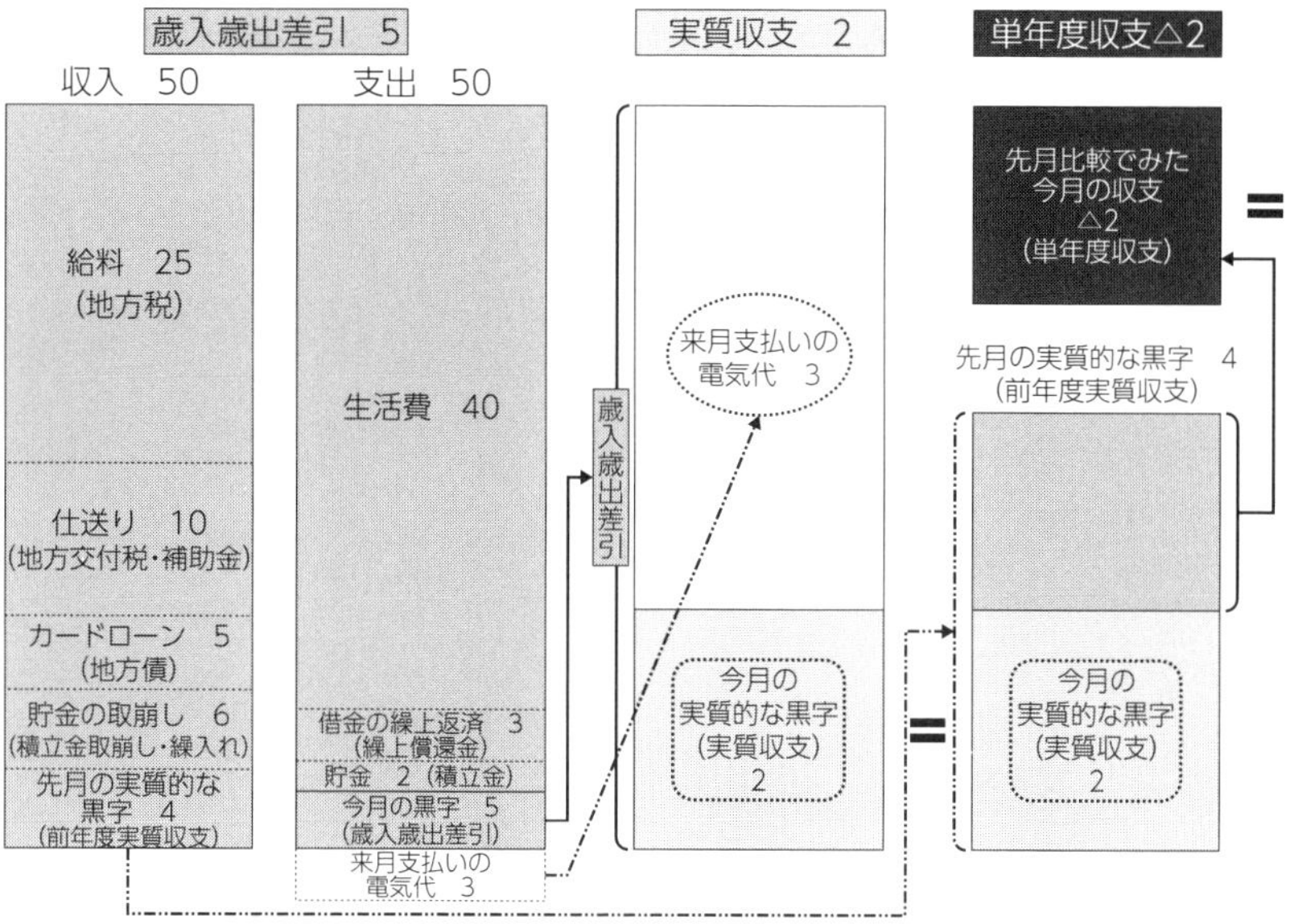

出所：筆者作成

入歳出差引」の5万円から差し引いてやることにして、本当の家計収支を出すことにしました。これによって、「今月の実質的な黒字」2万円が出てくることになります。これがこの家計の「**実質収支**」となります。

さて、もう一度左端の一番下をみてください。そこには「先月の実質的な黒字」4万円が収入として組み込まれていました。そこで、この家計は「先月と今月の実質的な黒字額を比べて、うちの家計が楽になっているかどうかを月単位でみてみよう」と思い、両者を比較してみることにしました。その結果、「先月の実質的な黒字」4万円に対して、「今月の実質的な黒字」は2万円に減ってしまっていることがわかりました。これでは一か月単位で比べた場合には、黒字がマイナス2万円になっていることになります。これが、家計の今月の「**単年度収支**」に該当するものとなります。

いよいよ最後の右の二つの部分です。今月の「単年度収支」はマイナス2万円でした。しかし、よく考えてみると、今月は生活費が少なくてすんで余った分を「借金の繰上返済」（3万円）と「貯金」（2万円）として支出していました。これらは、本来は「支出」とみなすべきではない部分です。その一方で、収入が支出に対して足りなくなると見込んで、「貯金の取崩し」6万円を今月の収入に繰り入れていました。これは普通の感覚では収入として考えるべきではないものです。そこで、この家計は今月の「単年度収支」から、「借金の繰上返済」3万円と「貯金」2万円を「支出」としてはなかったものと考える一方、「貯金の取崩し」6万円は「収入」から除外してやることにしました。これによって、今月の家計の「真の実力」である「**実質単年度収支**」が計算できることになり、この家計の場合にはマイナス3万円ということになりました。

これが自治体の財政収支を家計になぞらえてみた場合の姿です。実際の財政収支の指標ではどうしてもなじみにくかった方でも、具体的な家庭でのやりくりを想像しながらここでの図と解説をみていただけると、イメージがつかみやすくなったのではないでしょうか。

2　赤字団体の状況

それでは、全国の自治体の収支状況はどのようになっているのでしょうか。**図表33**は2017年度決算でそれをみたものです。これをみれば、一番大切な指標である実質収支はほとんどの自治体で赤字が発生しておらず、市町村で3団体のみが赤字を出している状況です。これに対して、単年度収支では都道府県の36・2％および市町村の49・1％、実質単年度収支では都道府県の44・7％および市町村の59・4％が赤字を出していることがわかります。

また、**図表34**は自治体の単年度収支と実質単年度収支の間で発生しているお金のやりくりの状況をあらわしています。この表で市町村等についてみると、単年度収支全体としては512億円の黒字となっていますが、そこから先にみた「単年度収支＋積立金＋繰上償還金－積立金取崩し額」（調整額）にしたがって実質単年度収支を計算すると、2132億円の赤字となっていることがわかります。そして、その原因となっているのが「財政調整基金取崩し額」（積立金取崩し額）であることが明らかです。つまり、たしかに自治体は一番大切な実質収支や単年度収支の段階では赤字を出していないのですが、それは「普通預金」にあたる財政調整基金を取り崩すことによって表面上の数字をみせかけているだけだという解釈ができるわけです。

さて、ここで大切な点を付言しておきたいと思います。単年度収支や実質単年度収支は、企業でい

図表 33　赤字団体の状況（2017 年度）

区　分	全団体数	赤字団体の状況					
		実質収支		単年度収支		実質単年度収支	
		団体数	割　合	団体数	割　合	団体数	割　合
都道府県	47	0	0%	17	36.2%	21	44.7%
市 町 村	1,718	3	0.2%	843	49.1%	1,020	59.4%

注：特別区を除く。
出所：総務省「地方財政白書」（2019 年）

図表 34　単年度収支・実質単年度収支の調整状況

（単位：百万円）

	合　計	都道府県	市町村等
単年度収支　(A)	78,241	26,996	51,245
財政調整基金積立金　(B)	602,304	181,893	420,411
繰上償還額　(C)	148,068	59,999	88,070
財政調整基金取崩し額　(D)	919,456	146,493	772,964
調整額 (B)＋(C)－(D)　(E)	△169,084	95,399	△264,482
実質単年度収支 (A)＋(E)	△90,842	122,395	△213,238

注：市町村等には、特別区と一部事務組合等を含んでいる。
出所：総務省「地方財政白書」（2019 年）

えば毎期ごとの黒字・赤字の増減額をあらわしています。例えば、自治体がこれらの収支で黒字を出し続けているということは、毎年度黒字を増やし続けているということを意味します。自治体は黒字を出すことを目的にした組織ではなく、財政を使って住民生活を向上させることがその役割ですから、このような毎年度の黒字の増加というのは望ましいことではありません。かりに、単年度収支や実質単年度収支がずっと黒字である（＝黒字額がどんどん伸びている）のであれば、それを住民の福祉等に回すか、税金や社会保険料の負担額を減らすべきだというのが筋です。ですので、これらの収支の赤字は短期間であれば決して悪いことではなく、むしろ正常な状態であるということになります。問題となるのは、これらの赤字が何年にもわたって継続する状況です。それは、企業でいえば毎期の利益がどんどん下がってきている状態を示しています。そのような状態が続けば、その企業はいずれ赤字となり、それを埋め合わせるために内部留保などで補てんしていても、いずれはそれも底をついてしまって補てんができなくなる状況に追い込まれてしまいます。自治体の場合にも、たとえ表面上は実質収支が継続して黒字であったとしても、それを財政調整基金でずっと埋め合わせてきていた結果だとすれば、その自治体の財政危機は着実に進んでいることがわかります。

そこで次に、このような事態が実際に起こった自治体の事例について紹介し、財政収支の問題を正確にみることがいかに大切かをお示ししたいと思います。

3　自治体の財政赤字

(1)　新潟市の財政危機

新潟市は、1996年に中核市（人口50万人、面積206平方キロメートル）となり、2001年に1町、2005年に13市町村と合併し、2007年から政令指定都市（人口81万人、面積726平方キロメートル）へ移行しました。合計すると15市町村が合併したことになり、この数は全国で最も多いものです。

このような大規模合併においては、旧市町村単位での自治をいかに確保するかが重要な課題となります。新潟市でも同様に、それまでの自治をできるだけ活かすために行政区を八つに分け、そこでの地域自治の取り組みを尊重した分権型の自治体運営を進めてきました。具体的には、「大きな区役所、小さな市役所」というスローガンの下に、区への予算配分重視、区提案予算、区のフルセット型組織体制という仕組みを取ります。さらに、地方自治法上の地域協議会にあたる区自治協議会を制度として設けました。通常の地域協議会の場合にはあくまで本庁から諮問されたことについて検討・回答するだけであるのに対して、新潟市の区自治協議会ではそれにとどまらず、区内で起こっているさまざまな問題についての意見を市役所へ提出し、それに対して市は責任を持って回答することが義務づけられるという運用が行われてきました。さらに、小学校区単位を基本とした地域コミュニティ協議会も設置し、「分権型政令市」にふさわしい仕組みを導入してきました。

ところが、2016年に策定された『にいがた未来ビジョン』(新潟市総合計画)では、「人口減少社会のなか、持続可能な行政サービスが提供できるよう、行政の組織・機能の効率化や、区の規模や数などを含めた区のあるべき方向について検討」を進めるとしました。これは、新潟市がそれまで進めてきた分権型の自治体運営を転換し、区の再編整理を視野に入れた方向性を打ち出すものでした。実は、この背景にあったのが新潟市の財政危機にほかなりません。

新潟市は2017年の予算策定の段階で、突如として2018年度予算において119億円もの一般財源が不足するという見通しを発表します。新潟市のこの数字は実質収支の赤字額に相当する

図表35　新潟市の実質収支および実質単年度収支

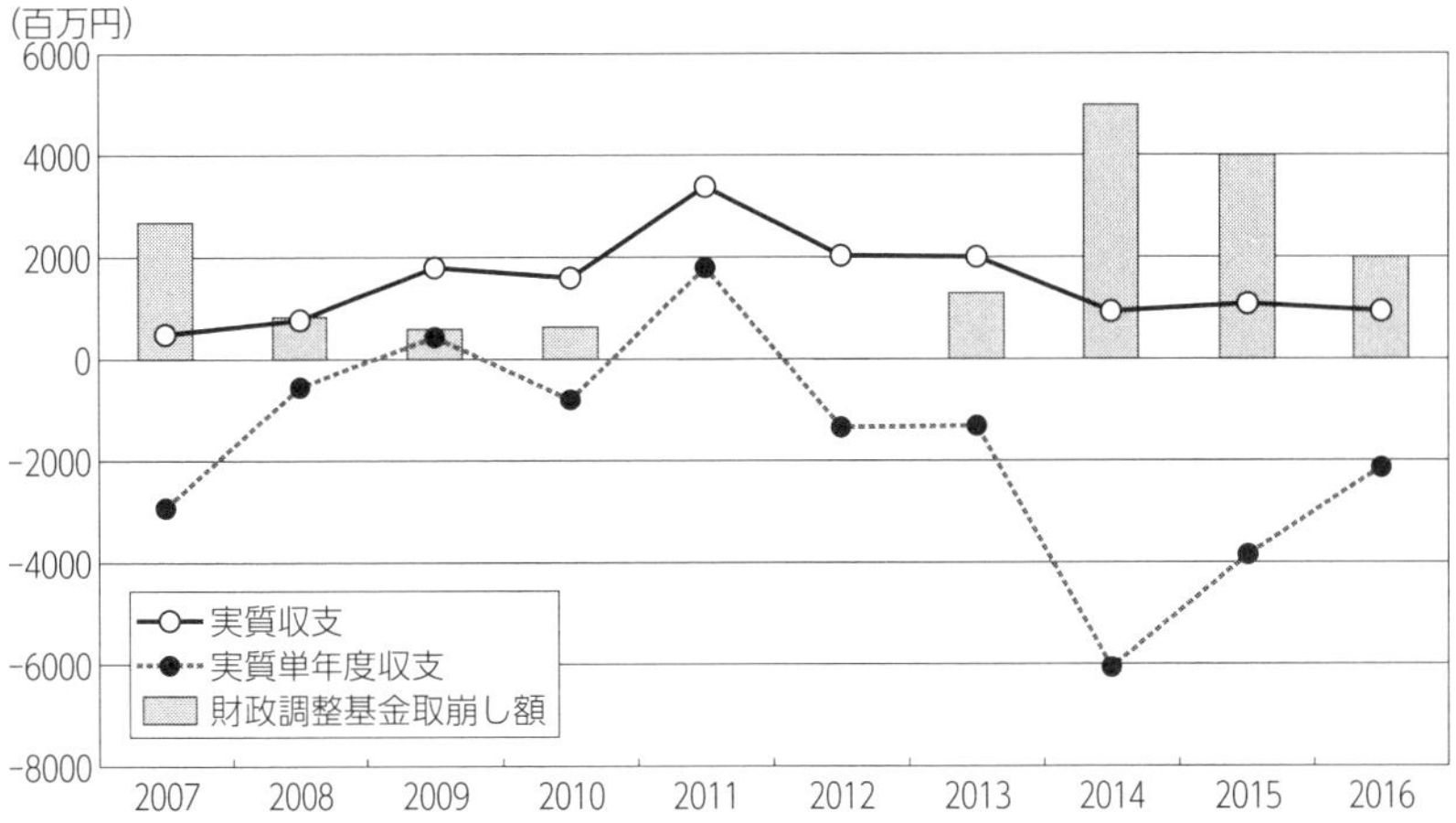

出所：新潟市「決算カード」各年度版より筆者作成

ものです。新潟市の一般財源規模は約２０００億円であることから、この財源不足額の割合はその１割にあたります。しかし、それ以上に問題なのは１１９億円という不足金額自体の大きさで、これへの対応が急に迫られることになりました。

ではなぜ突然このような事態に陥ったのでしょうか。実は、これはそれ以前からわかっていた財政危機の進行にメスを入れてこなかったために生じたもので、数年前からこうなることは目に見えていた事態でした。このことについて、これまでの財政収支の知識を使ってみていきたいと思います。

図表35をご覧ください。これは２００７〜２０１６年度における新潟市の実質収支と実質単年度収支、そして財政調整基金取崩し額の推移を示しています。これらの数字はすべて決算カードからとっているものです。まず実質収支をみると、新潟市は継続して黒字を保ってきていることがわかります。これだけ

をみると、新潟市には財政赤字がなく、きちんとした財政運営をしてきているようにみえます。しかし、実質単年度収支の推移をみれば、ほとんどの年度において赤字が発生しています。しかも、その赤字の規模は単年度で20億円から60億円に上るなど膨大な金額になっていることがわかります。そして、この実質単年度収支の赤字を埋め合わせるようにして、財政調整基金が取り崩されている状況がはっきりとあらわれています。これでは財政がもつはずがありません。

つまり、新潟市は体質的にずっと赤字を抱える財政構造であったのですが、それを財政調整基金の取崩しを通じて何とか財政を運営してきたことがわかります。このような兆候が認識された段階で、新潟市は早く手を打つべきであったのです。それを先延ばしてきたつけが、突如として市民の前に示されることになりました。

以上は、新潟市の決算カードに掲載されている「収支状況」等の数字から導き出したものですが、このような動きは決算カードの歳入・歳出からも読み取ることができます。**図表36**は新潟市の決算カードの歳入の中の「繰入金」および性質別歳出の「積立金」を経年で並べたものです。繰入金は基金や特別会計等から一般会計の歳入の中へ出したお金、積立金は逆に一般会計から基金へ積み立てたお金をあらわしています。この図をみれば、新潟市は毎年度数十億円から１００億円を超える規模の一般会計への繰り入れを基金等から行う一方で、それらへの積立てについてはほとんど行っていないことがわかります。ですので、この間は毎年度膨大な基金等からの繰入れによって歳入を支えるという財政構造が、歳入・歳出の変化からも明確に読み取ることができたわけです。

図表36　新潟市の繰入金・積立金の推移

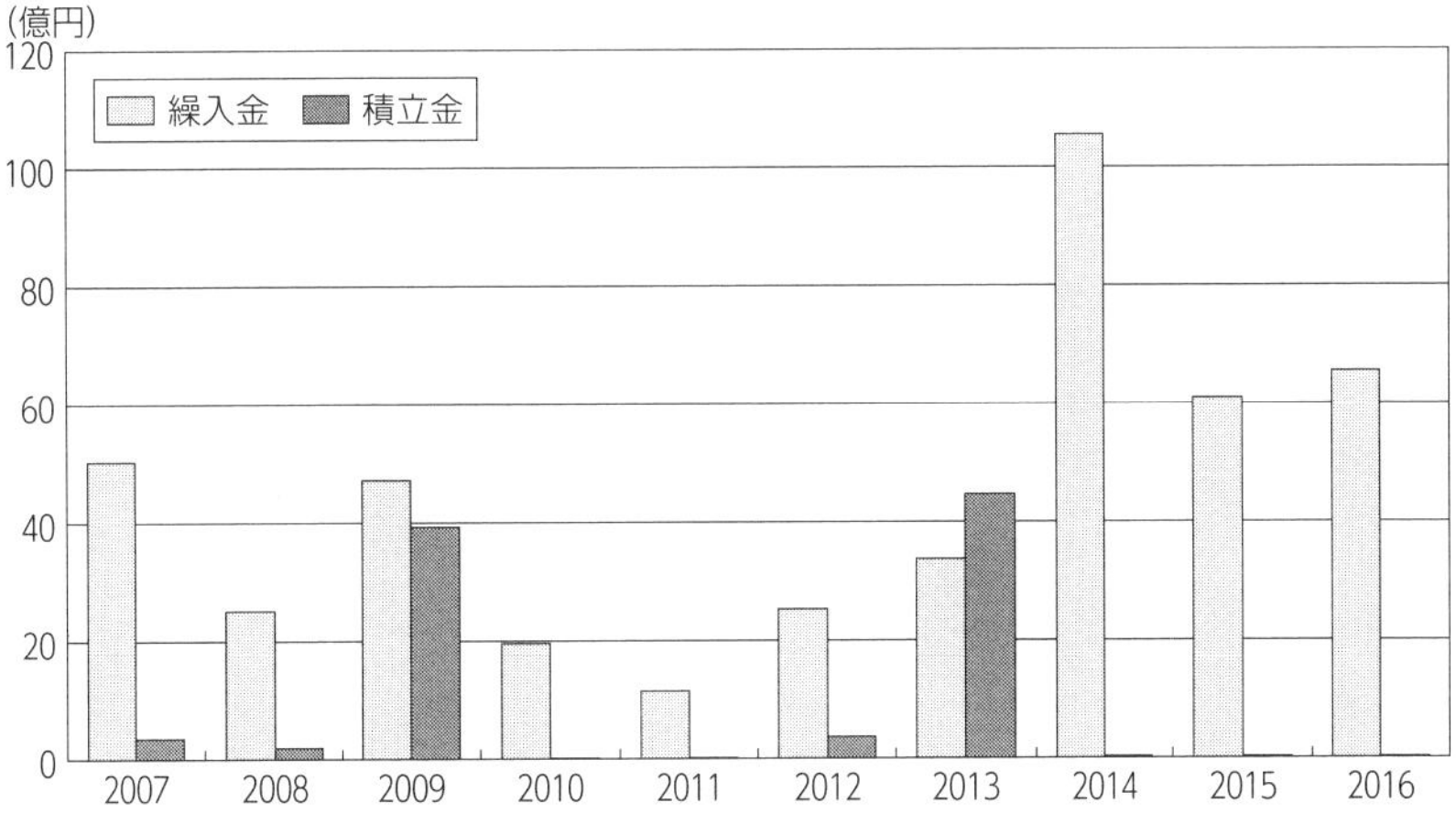

出所：新潟市「決算カード」各年度版より筆者作成

では、このように新潟市の歳入を支えてきた繰入金の財源は何だったのでしょうか。**図表37**は新潟市の積立金現在高の推移を示しています。これをみれば、この間に大きく減少してきたのが財政調整基金であることがわかります。これが毎年度の実質単年度収支の赤字としてあらわれていたのです。ちなみに、**図表36**において２００９年度と２０１３年度に40億円程度の積立てが行われていましたが、これが都市整備にかかる特定目的のための基金であったことが**図表37**から読み取ることができます。このように、新潟市の財政危機は財政調整基金の変化を中心として進行していたことがわかります。

　現在、新潟市はこのような財政危機に対応するため、それまで充実させてきた社会保障のための支出を一気に見直すなど、急激な財政再建に取り組まざるをえない状況となっています。本来は、このような財政危機が財政調整基金を枯渇させるようになる

図表 37　新潟市の積立金現在高の推移

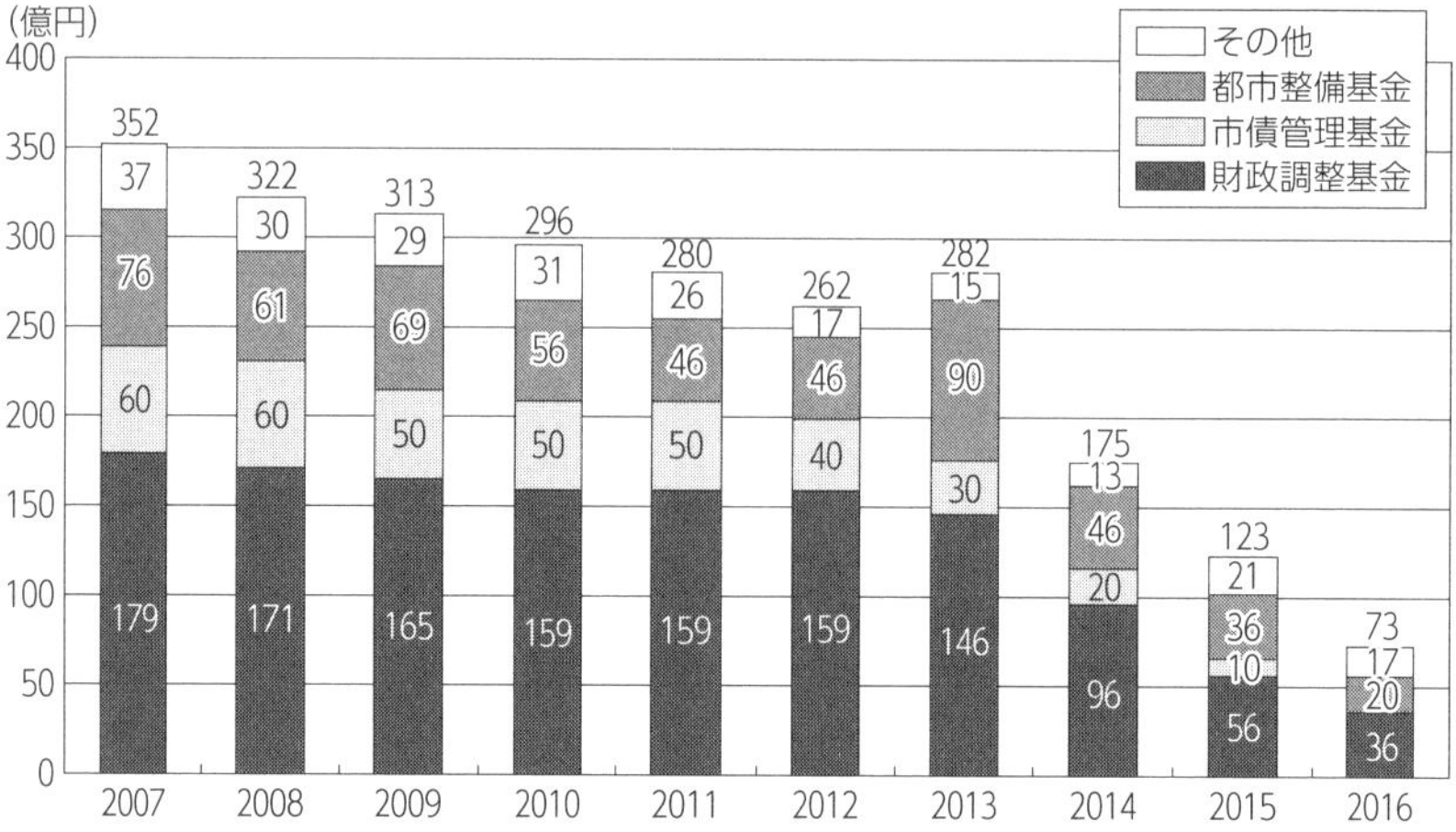

出所：新潟市監査委員「平成 28 年度　新潟市各会計決算及び各基金の運用状況審査意見書」より筆者作成

前の段階で、財政構造の体質にメスを入れなければならなかったのです。その取り組みを避けたために、住民の合意や納得を得る時間的余裕がないままに、急に公共サービスの水準を下げざるをえなくなっています。これは自治体と住民との信頼関係を損なう事態であり、このようなことは決して行われてはならないものです。

(2) 新潟市と浜松市との比較

ここで、新潟市と同じ時期に12市町村もの大合併を行った政令指定都市である浜松市との比較をしておきたいと思います。

図表38は浜松市の実質収支および実質単年度収支の推移を示したものです。これを先ほどの**図表35**の新潟市のグラフと見比べていただければと思います。浜松市でも実質収支はずっと黒字を保っており、この点では新潟市と同じです。しかし、

図表 38　浜松市の実質収支および実質単年度収支

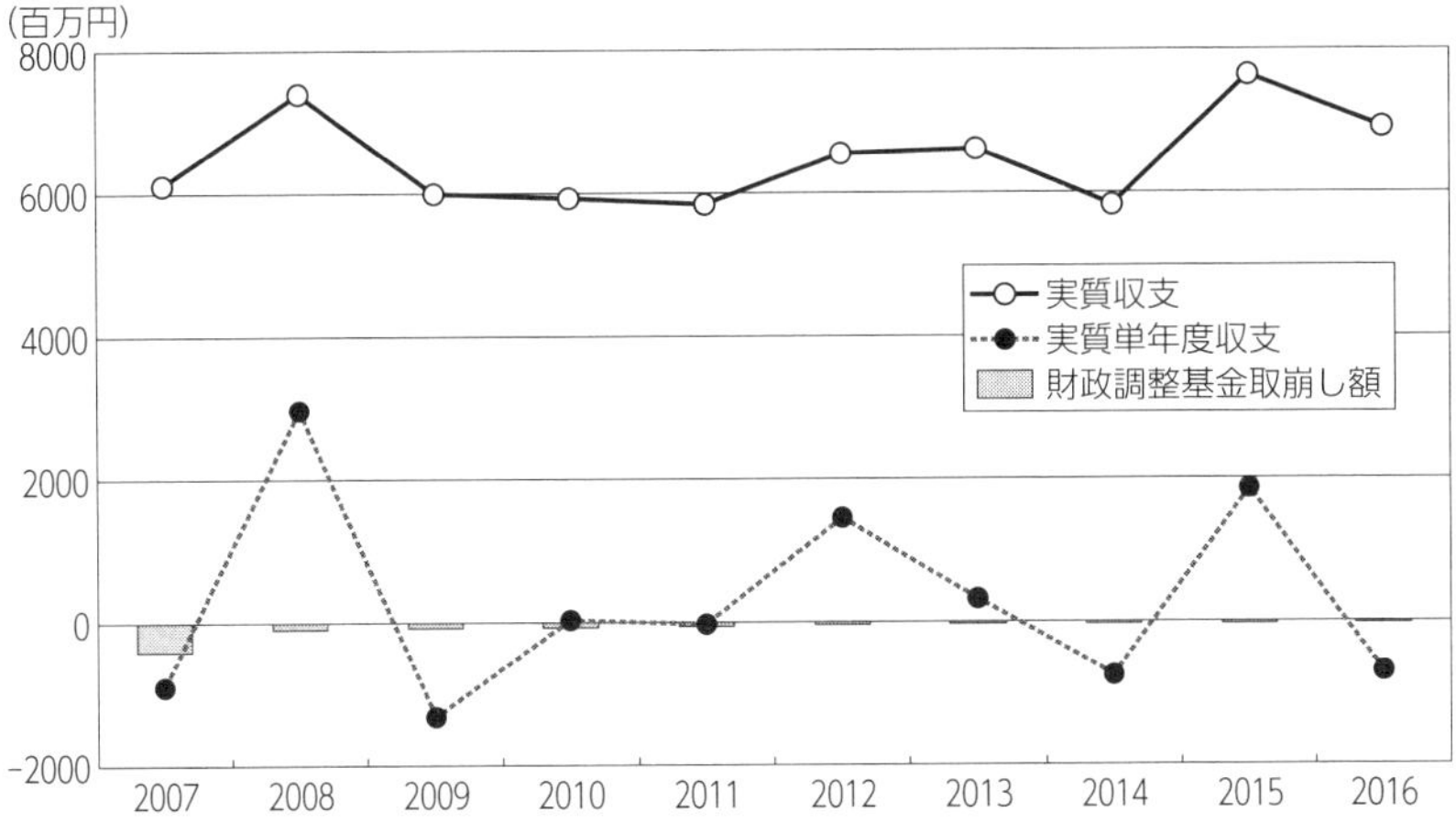

出所：浜松市「決算カード」各年度版より筆者作成

大きく異なるのは実質単年度収支です。浜松市の実質単年度収支は黒字と赤字をほぼ交互に繰り返し、しかもその金額が比較的小さく収まっています。また、毎年度少しずつ「財政調整基金取崩し額」がマイナスとなっていることから、この間に着実に財政調整基金を積み立ててきたことがわかります。これらは財政運営という点からみれば見事なものだといえます。

ただし、財政運営が健全であるからといって、そこで展開されてきた行政活動が適切なものであったかどうかは別の話です。その一例として、新潟市と浜松市の公共施設の統廃合の施策についてみておきたいと思います。

分権型の自治体運営を行ってきた新潟市では、公共施設の統廃合においても市民参加型のワークショップを行うなど、住民本位の取り組みを行ってきました。また、合併時の約束から周辺部への道路や下水道などの基盤整備についても進めており、これらが新潟市の投資的経費を極端に押し上げてきました。一方で、浜松市の方は２００８年度から公共施設の統廃合を積極的に推し進め、２００９年度から２０１５年度の間に４３９施設（公共施設全体の約3割）を削減しました。これによって、年間の維持管理費を約5億円、50年間の更新・改修経費を約１１００億円も削減しています。しかし、浜松市の公共施設の統廃合において住民や周辺の旧自治体の意向はほとんど反映されることなく、トップダウンでこのような取り組みが進められてきたのです。*3

この新潟市と浜松市の二つの対照的な事例は何を示しているのでしょうか。前者は、住民本位の行政をやってきた結果として財政が危機に陥ったというケースです。それに対して後者は、住民の意向や合意を軽視した政策を進めてきた反面で、財政運営についてはきわめて健全な状況を保ってきたケースです。これらはいずれも極端な事例といえます。

自治体は社会保障関係の支出が毎年度伸びていく一方で、国による一般財源の抑制が進められることによって、実質的に財政の削減が行われています。そのような中で、公共サービス・公共事業を絶えず見直すことによって効率的な財政運営を行っていくことは避けられない課題となっています。他方では、このような公共サービス・公共事業の見直しは住民の意向を無視して進められてはならないことは当然です。これらのことを考慮すれば、これからの自治体は公共サービス・公共事業の見直しと健全な財政運営のバランスを絶えず考えながら行政を展開していかなければならないことがわかります。両極端ではない「中道」を模索することが、自治体共通の課題となっているわけです。

(3) 交野市の財政収支

自治体の財政収支のあり方を考える上で、もう一つ交野市《かたの》(大阪府)の事例を補足的にみておきたいと思います。

図表39は交野市の実質収支と実質単年度収支、財政調整基金の取崩し額をあらわしたものです。実質収支がずっと黒字であることは新潟市や浜松市と同じですが、両者と異なっているのは実質単年度収支も黒字を続けている点です。これは何を意味しているのかというと、企業が増益を続けているのと同じように、単年度あたりの黒字を増加させてきているということです。そして、財政調整基金取崩し額が継続してマイナスとなっていることから、交野市は毎年度財政調整基金を積み増してきていることがわかります。このような財政運営は利益を追求する企業であれば素晴らしい業績であると評価できますが、自治体の場合はそうではありません。そのため、交野市のこのような財政運営は公共サービスの拡大や住民負担の軽減を図ることなく、極度に財政健全化を推し進めてきたものだと評価できます。

では、どうして交野市はこのような財政運営を行ってきたのでしょうか。そこには、交野市がおかれた厳しい財政状況があります。交野市は全国的にみて最も不健全な土地開発公社の経営を行ってきました。その結果、土地開発公社が抱えた膨大な債務がずっと交野市の財政の負担となってき

図表 39　交野市の実質収支および実質単年度収支

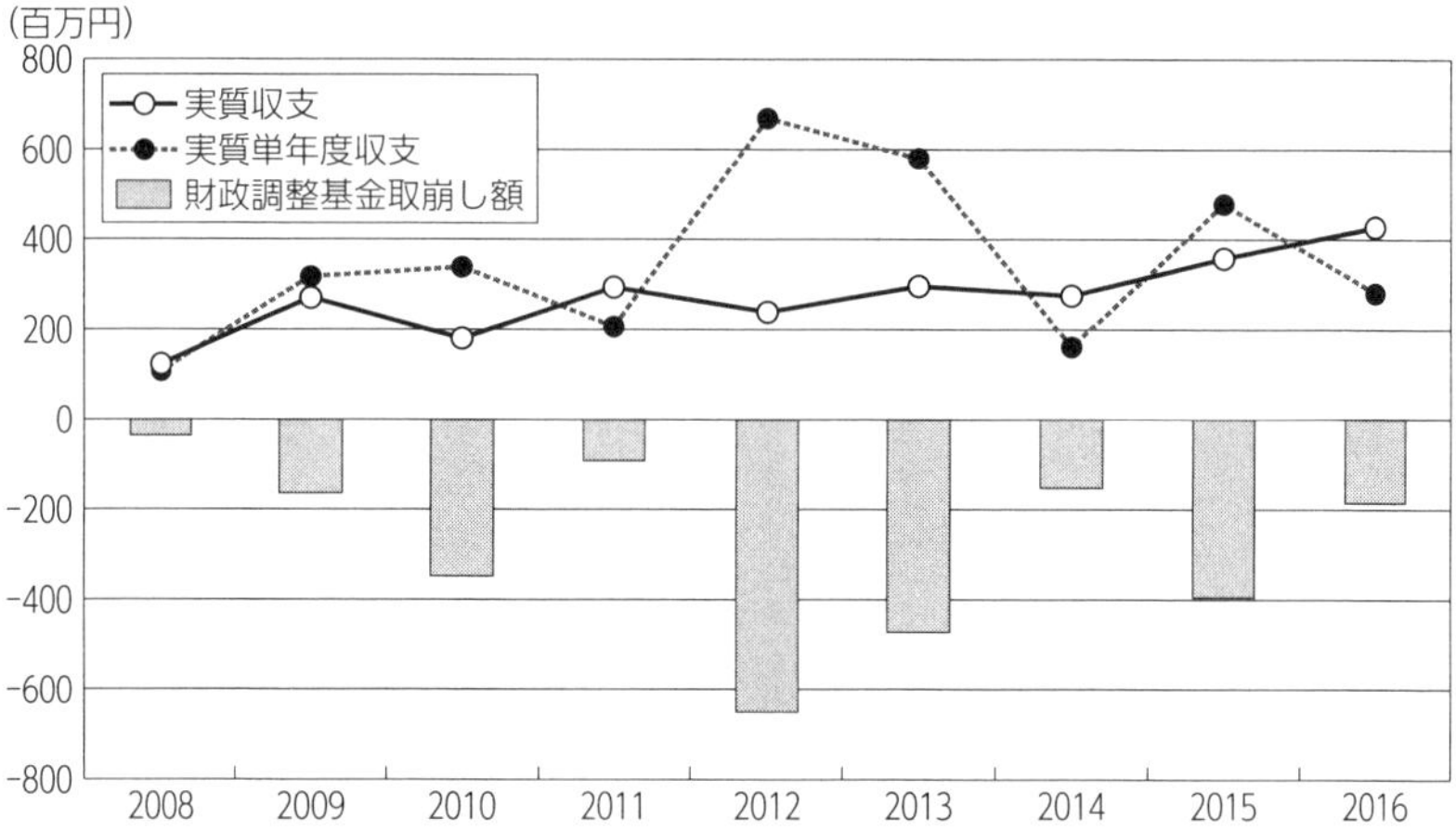

出所：大阪府交野市「決算カード」各年度版より筆者作成

ました。交野市は２０１０年度以降に「第三セクター等改革推進債」（地方債）を活用して土地開発公社の整理縮小に取り組んできましたが、そのときに地方債として残った残高が２０１６年度時点で98億円に上っています。これは同市の一般の公共事業のための地方債残高が73億円でしかないことからみても、いかに膨大な負債となっているかがわかります。しかも、いまだに土地開発公社そのものの債務残高も１０４億円残っています。他方では、他の自治体と同様に公共施設の更新や社会保障関係の財源確保を行わなければならない状況が迫っています。これらが交野市をして、過度に健全な財政運営を推し進めさせてきた原因となっているのです。

　交野市の事例は、過去における財政運営の失敗によって、本来は住民へ還元されるべき財政の黒字部分を財政再建のために振り向けていかざるをえないという経験をあらわしています。

本章では財政収支について事例を交えながら解説してきました。これによって、普段はあまり関心が向かない黒字・赤字についても、実質収支のような表面的な数字だけではなく、その背後で進行している財政危機などもとらえられることがわかっていただけたと思います。

財政収支のような技術的な面が大きいものは、本来は行政がしっかりと管理すべきものですが、残念ながら自治体によってはそのような力が失われているところがみられます。その場合には、どうしても議員や市民による監視の目が必要となってきます。本章でみてきた内容をそのためにぜひ活用していただきたいと思います。

注

1　例えば、「三位一体の改革」で地方交付税が大きく削減された2004年に沖縄県平良市が赤字予算案を発表した際、総務省や県はそれを違法だとして同市に予算案を撤回するよう求めました。

2　自治体は黒字を出すことを目的とした財政運営をしていないため、単年度黒字の継続＝毎年の業績アップは、決して望ましいこととはいえません。そのような状況であれば、増加する黒字分を公共サービスの充実にあてるか、住民の税や社会保険料の負担を引き下げるべきだという話になります。

3　浜松市における公共施設の統廃合の取り組みについては、森裕之『公共施設の再編を問う』（自治体研究社、2016年）を参照してください。

第5章

財政指標

自治体財政の危機の把握のために

これまでの各章を通じて、自治体の歳入と歳出、そしてこれらの差を中心とした財政収支についてみてきました。とくに第4章をお読みいただければ、自治体の財政にとって最も避けなければならないことは、詰まるところ「赤字」(実質収支の赤字)であることも理解していただけたのではないでしょうか。赤字が続くことによって組織が破たんするのは、家計でも企業でも自治体でもまったく同じことです。

ところで、自治体の財政が破たんする前に、その手がかりになるような指標としてはどのようなものがあるのでしょうか。また、こうした後ろ向きの思考ではなく、自治体の財政に余裕を生み出すことで、地域の発展に振り向けることができるような財政運営を行うためには、どのような指標に着目したらよいのでしょうか。このような点をみるために、これまで各種の財政指標がつくられてきました。これらの財政指標については、決算カード(14・15頁)の右下に集められています。また、これ以外のものとして重要な財政指標である「経常収支比率」については性質別歳出の欄の一番右から下へかけて記されています。

財政指標というと、何やらややこしい算式で求められた数字のような印象があるかもしれません。しかし、これまでと同様に、各種の財政指標のポイントは単純明快です。細かい算式などは無視して、こうしたポイントさえ理解すれば十分です。それ以上のことは、（ほとんどないとは思いますが）必要に応じて調べればよいだけの話です。繰り返しになりますが、大切なのはその本質を理解することだけです。

本章では、これまで各章でみてきた知識を援用しながら、これらの財政指標のポイントを説明していきます。その意味では、各章の復習も兼ねた内容になっていますので、これまでのことを思い起こしながら読んでいただければと思います。

1　財政力指数

「財政力指数」というのは、まさに自治体の財政力の大きさをあらわした指標です。その意味では単純なものです。ポイントは、これがどのような基準によって示されるのかということになります。ここでもまず家計の例を使って説明してみましょう。

図表40はこれまで使ってきた家計の図とほぼ同じものです。ただし、ここには家計Aと家計Bという二つの家計に登場してもらっています。両者とも同じ家族構成と同じ家計支出（標準的支出）

図表40　財政力指数（家計による理解）

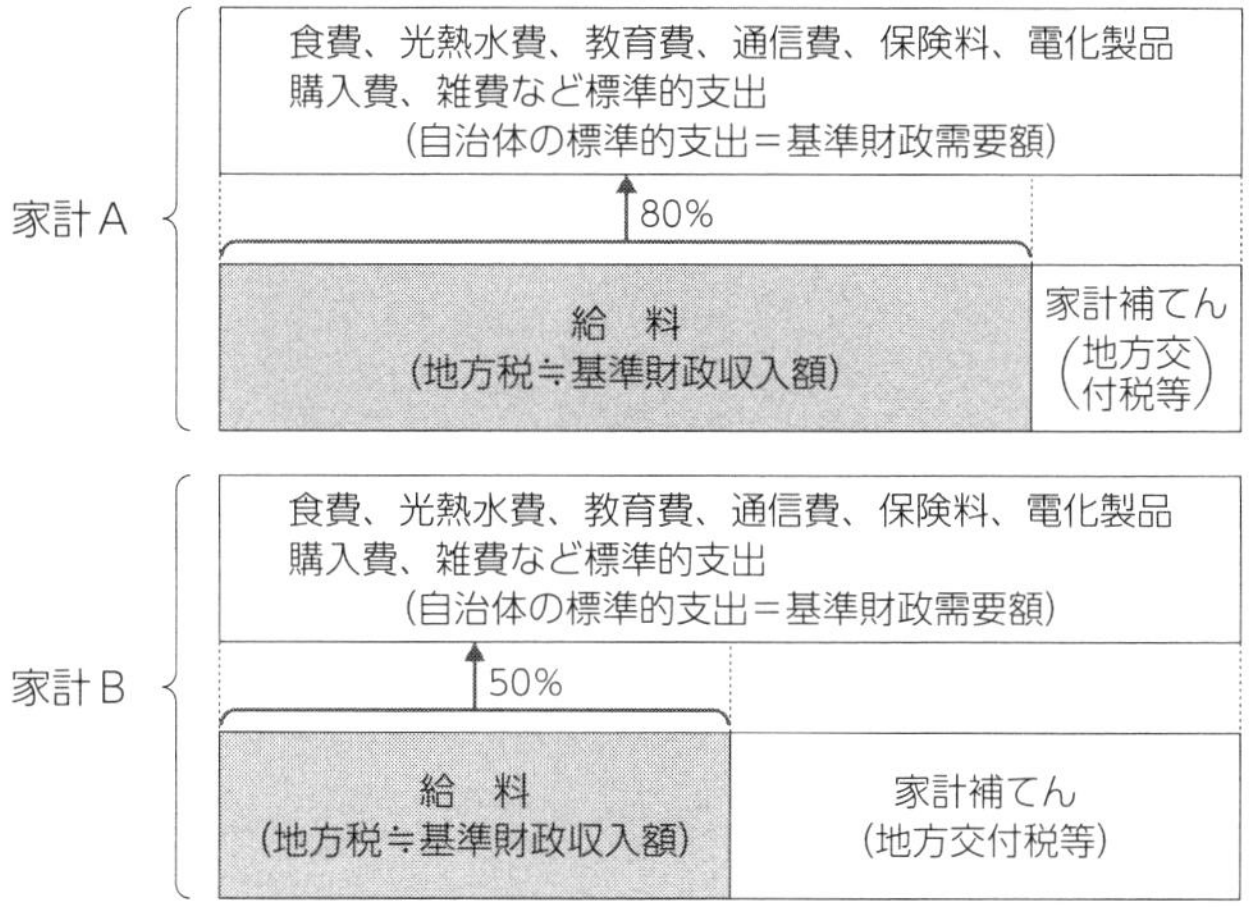

出所：筆者作成

であると想定してください。

家計Aは自分たちの標準的支出に対して給料が80%確保できています。そのため、家計に補てんしてもらうお金は残りの20%分だけで大丈夫な状況です。一方で家計Bは、標準的支出に対して半分の50%しか給料がなく、残りの半分を仕送りによって頼らざるをえなくなっています。この場合、どちらの家計の方が「財政力」が高いのかというと、当然家計Aの方であるということになります。

自治体の「財政力」もまったく同じで、それはこれまでの知識から単純に計算できる簡単なものです。自治体の標準的支出は「基準財政需要額」といいました。これに対して、地方税の75%分を「基準財政収入額」とよびました。「財政力指数」とは、この基準財政収入額を基準財政需要額で割った数値にほかなりません。式であらわせば、「財政力指数＝基準財政収入額÷基準財政需要額」ということになります。

図表40をみてもわかるように、同じ基準財政需要額である場合には、自治体の地方税収の大きさによって財政力指数が決まってきます。つまり、財政力指数とは自治体の税収力の大きさをあらわしていると考えてよいのです。単年度の財政力指数が1・0以上の自治体は基準財政需要額よりも基準財政収入額の方が大きい自治体、つまり、普通交付税が交付されない「不交付団体」ということになります[*1]。

図表41　財政力指数はなぜ高いほどよいのか

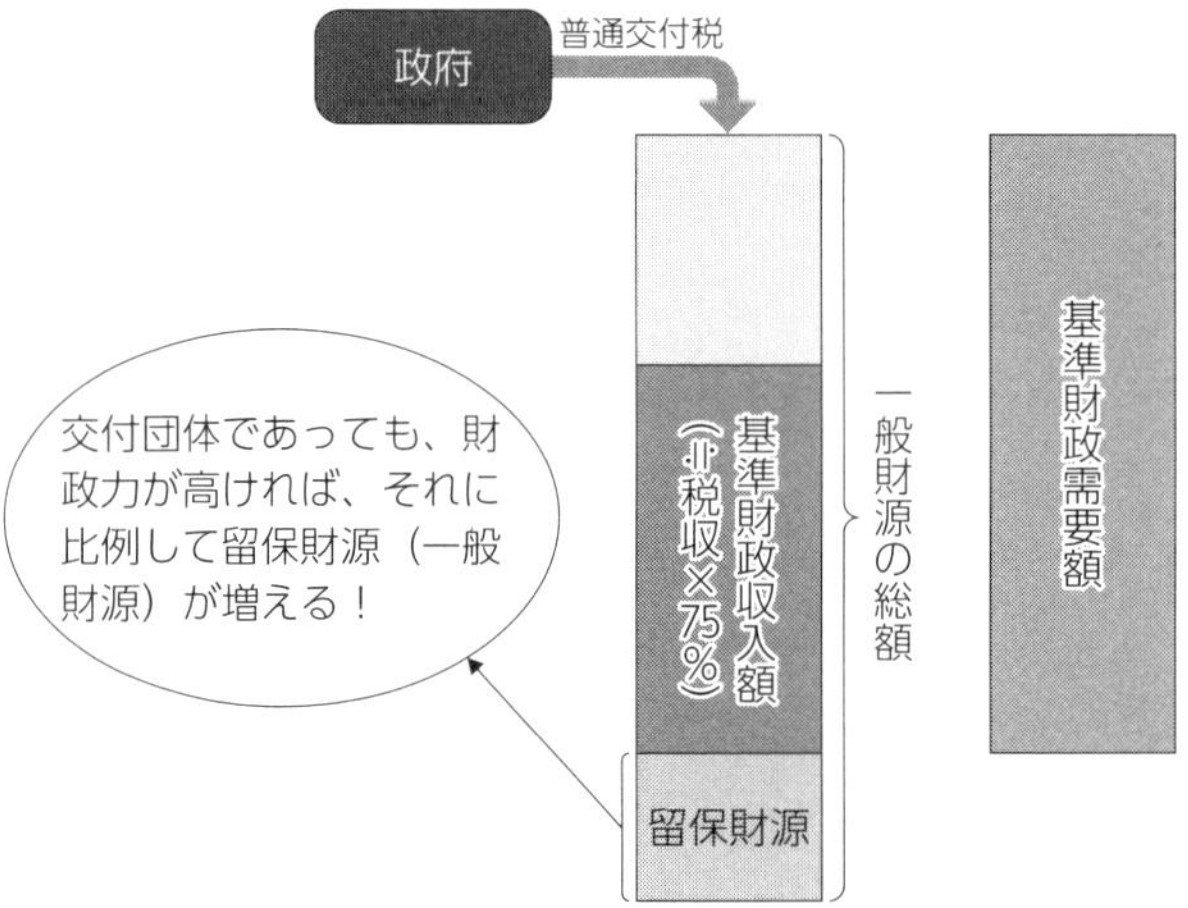

出所：筆者作成

ここで第2章の地方交付税のところでの説明を思い出していただければと思います。地方税の75%が基準財政収入額で、残りの25%は「留保財源」であるといいました。これがあるために、地方税が増えるとそれがすべて地方交付税の削減額になるのではなく、増収分の25%分だけ一般財源の総額が増えることになったわけです。このことは、自治体は財政力指数が高い方が一般財源をそれだけ多く確保できることを意味しています。これは大切な点なので、もう一度**図表41**で確かめておいていただければと思います。やはり自治体財政にとって財政力指数は高い方が望ましいのです。

2　経常収支比率

「経常収支比率」は自治体の財政状況を把握する上できわめて大切なものです。これは、自治体の義務的で経常的な支出（＝経常的経費）に対して、地方税や地方交付税等の経常的に入ってくる一般財源がどの程度使われているのかをみるものです。これを式であらわせば「経常収支比率（％）＝経常的経費充当一般財源等÷経常一般財源等×１００」というややこしい用語で表現されることになります。ですので、経常収支比率についてはこのような式にとらわれず、文章等で理解する方がはるかに望ましいといえます。

この経常収支比率についても家計で説明してみたいと思います。**図表42**は家計を使った経常収支比率のモデルです。この図の下の方はいつものように一般財源をあらわしていますが、その中でも「経常一般財源」という言葉が使われています。これは単なる一般財源と何が違うのかというと、一般財源の種類の中には臨時的に入ってくるものが含まれているため、それを一般財源の総額から除いて経常一般財源としてまとめたという点です。ちなみに、臨時的な一般財源としては、災害等のときに交付される「特別交付税」や使用料等で入ってきた収入などがあります。

この図の上の部分は家計の支出を「経常的経費」と「臨時的経費」の二つに区分しています。家計では、食費や光熱水費などは毎月必要な支出として発生しますが、電化製品を毎月購入したり旅行

図表42　経常収支比率（家計による理解）

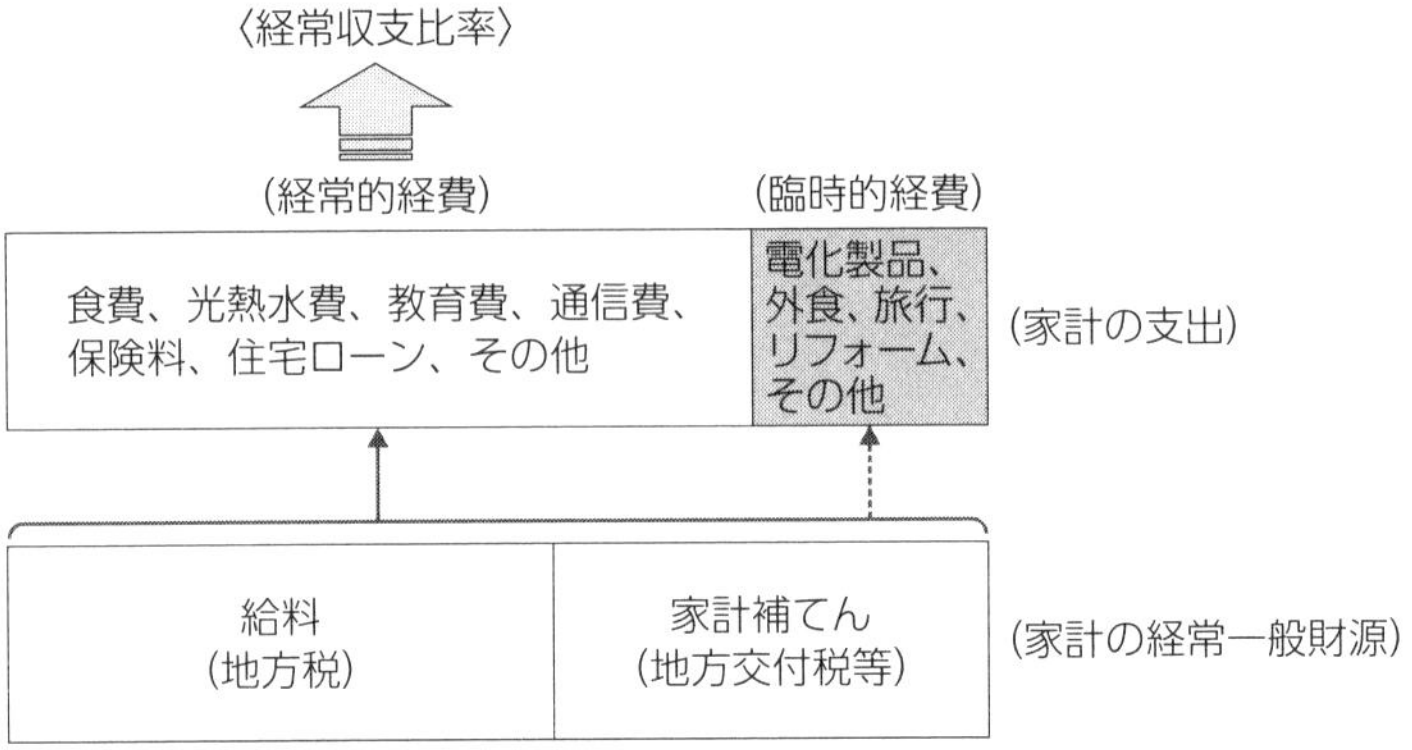

出所：筆者作成

に毎月行ったりすることはありません。後者のような支出は臨時的な性格のものとして整理することができます。このように、家計の支出を経常的なものと臨時的なものに分けた上で、家計に経常的に入ってくる一般財源（経常一般財源等）が経常的な支出額（経常的経費充当一般財源等）としてどれだけ使われているかを示したのが「経常収支比率」です。要は、家計でいえば毎月入ってくる収入に対して毎月必要な支出がどれぐらいの割合なのかを示しただけのものです。一般財源のうち経常的経費に回る部分が多ければ多いほど、経常収支比率は高くなることになります。

この経常収支比率は果たして高い方がいいのか低い方がいいのかという問題を考えましょう。これも家計に置き換えてみていきたいと思います。家計の収入のうち食費や光熱水費等の経常的な支出へと回る部分が多ければ、それだけ電化製品購入や外食といった臨時的な支出へ回せる経済的余裕はなくなります。平たくいえば、贅沢ができないわけです。その意味でいえば、家計の経常収支比率は低い方

図表43　経常収支比率の状況（2017年度）

［単位：団体数、（　）内は%］

区　分	70%未満	70%以上80%未満	80%以上90%未満	90%以上100%未満	100%以上	合　計
都道府県	—(—)	—(—)	1(2.1)	45(95.7)	1(2.1)	47(100.0)
市町村	13(0.8)	111(6.5)	691(40.3)	862(50.1)	41(2.4)	1,718(100.0)

出所：総務省「地方財政白書」(2019年)

が望ましいということになります。これは一般論としては自治体の財政についても同じで、経常収支比率が低い方が公共事業やイベントなどの臨時的経費へ支出するための一般財源が確保できているということになります。逆に、経常収支比率が高いとそのような臨時的経費への支出ができなくなり、こうした状況については「財政が硬直化している」などと表現されます。かつて国は自治体の経常収支比率は80%未満にすべきであるといった見解を出していたこともありました。

図表43をご覧ください。これは全国の自治体の経常収支比率がどのぐらいになっているのかの分布を示したものです。これをみると、もはや大部分の自治体が経常収支比率80%以上となっており、半分以上が90%以上の水準となっています。これは明らかに日本の地方財政全体として財政が硬直化していることをあらわしています。

ところが、国はかつてのように自治体の経常収支比率の高さについて批判していません。その理由は、自治体の歳出構造がかつてのものとは大きく異なっていることがあります。具体的にいえば、まだ地域のインフラや公共施設が十分ではなかった１９８０年代頃まではそれらへの投資的支出（＝臨時的経費）を行うための財源が必要で、それを生み出すためには経常収支比率を低くして一般財源を確保することが求められました。しかし現在は地域の基盤整備もずいぶんと進む一方で、今度は少子高齢化を背景とした福祉や教育などの公共サービス（＝経常的経費）の必要性が大きくなってきました。そのため、どうしても一般財源のうちこれらの公共サービスへと回す割合が増えざるをえなくなったのです。このような状況は経常収支比率が必然的に上昇することを意味しています。こうした事態が**図表43**のような自治体の経常収支比率の分布を発生させているのです。ちなみに、経常収支比率が１００％以上の自治体もありますが、これらの自治体は地方税や地方交付税等だけでは経常的な支出をまかないきれておらず、基盤整備などに振り向ける財源がないに等しいとみなすことができます。これらは家計でいえば毎月の経常収入だけでは食費や光熱水費等がまかないきれていない事態を意味しており、こうした状況が深刻な財政危機を示していることは間違いありません。

ただし、今後はこれまで整備してきた公共施設等の建て替えが重要な課題となってきます。そのため、かつてのように投資的経費へ向けなければならない歳入部分が増える可能性があり、それに対応するためには経常収支比率の水準を抑えていくことが必要となってくることが想定されます。

自治体の中には目標値を設定して経常収支比率の引き下げに取り組んでいるところがあります。しかし、上記の説明を読めば、それ自体が自動的に望ましいものであるとはいえないことがわかります。例えば、自治体が大切な福祉サービス（＝経常的経費）を削って不要不急のイベントへの支出（＝臨時的経費）へ回すことによる経常収支比率の低下はどのように評価されるでしょうか。おそらく経常収支比率の低下後の方が住民へのサービス水準は悪化したと捉えられるでしょう。それはあたかも家計でいえば、食事を3食から2食に減らして、それで浮いたお金をゲーム機の購入に回すようなものです。つまり、経常収支比率を下げることは一般財源の余裕を生み出すのは間違いないのですが、問題はその使い方なのです。新たな使い道による事業のサービス水準の増加の方が一般財源の削減の対象となった事業のサービス水準の低下よりも大きいのであれば、経常収支比率はたしかに引き下げた方がよいのです。しかし、逆に新たに発生するサービスの水準が削られたサービスのものよりも低いのであれば、むしろ経常収支比率が高くても従来の歳出構造を維持した方が望ましいということになります。

そこで、「経常収支比率は下げるべきか」という問いに対しては、それによって浮いた一般財源を何に使うのかによって回答が変わってくることになります。これについても普遍的な答えは存在せず、それぞれの自治体が自分たちで判断すべき課題であるわけです。

ここで決算カードの経常収支比率の欄との関係で少し補足をしておきます。性質別歳出の下の方に記載されている「経常収支比率」にはカッコの外の数字と中の数字がありますが、指標としては外に記載されている数字が正式なものとなります。そして、この経常収支比率の数字の内訳が性質別歳出の各項目別に一番右側に縦方向に並べられた「経常収支比率」に示されています。これらの各項目の経常収支比率を足し合わせれば、下に合計されたかたちで出てくる「経常収支比率」となります。

この性質別歳出の内訳として示された各項目の経常収支比率は、自治体の経常収支比率がどのような原因によって高くなっているのかを知るための手がかりになります。自治体の経常収支比率が同じ98・0%という高い数値であっても、その高さの原因が自治体によって異なるケースはたくさんあります。例えば、ある自治体では人件費の経常収支比率の高さが経常収支比率全体を押し上げている場合もあれば、別の自治体では公債費がその原因となっていることがあります。前者では他の自治体に比べて職員数が多すぎるのではないかという疑念がわきますし、後者の場合には公共事業をやり過ぎてきたのだろうと推察されることになります。このように、経常収支比率の内訳はその自治体の財政構造を詳しくみる上で大変有用な情報を提供しています。

3 健全化判断比率

「財政再建団体」という言葉を聞かれたことがあると思います。即座に夕張市を連想された方もおられるでしょう。財政指標の最後のものとして、この財政再建団体と関係のあるものを取り上げたいと思います。

財政再建団体＝自治体破産という図式で語られることが多いことからもわかるように、このテーマは自治体にとって一番重要なものです。これまで述べてきた財政収支や経常収支比率等のさまざまな財政指標はいずれも究極的には自治体が「破産」する事態につながる可能性があるからこそ問

図表 44　健全化判断比率

①実質赤字比率（普通会計の実質赤字の標準財政規模に対する比率）

$$\text{実質赤字比率}=\frac{\text{一般会計等の実質赤字額}}{\text{標準財政規模}}$$

②連結実質赤字比率（全会計の実質赤字等の標準財政規模に対する比率）

$$\text{連結実質赤字比率}=\frac{\text{連結実質赤字額}}{\text{標準財政規模}}$$

③実質公債費比率（地方債元利償還金・準地方債元利償還金の標準財政規模に対する比率）

$$\begin{array}{c}\text{実質公債費比率}\\ \text{（3か年平均）}\end{array}=\frac{\left(\begin{array}{c}\text{地方債の}\\ \text{元利償還金}\end{array}+\begin{array}{c}\text{準元利}\\ \text{償還金}\end{array}\right)-\left(\text{特定財源}+\begin{array}{c}\text{元利償還金・準元利償還金に}\\ \text{係る基準財政需要額算入額}\end{array}\right)}{\text{標準財政規模}-\text{（元利償還金・準元利償還金に係る基準財政需要額算入額）}}$$

④将来負担比率（公営企業、出資法人等を含めた実質的負債の標準財政規模に対する比率）

$$\text{将来負担比率}=\frac{\text{将来負担額}-\left(\begin{array}{c}\text{充当可能}\\ \text{基金額}\end{array}+\begin{array}{c}\text{特定財源}\\ \text{見込額}\end{array}+\begin{array}{c}\text{地方債現在高等に係る}\\ \text{基準財政需要額算入見込額}\end{array}\right)}{\text{標準財政規模}-\text{（元利償還金・準元利償還金に係る基準財政需要額算入額）}}$$

出所：総務省「健全化判断比率の算定」

題であるといえるのです。ですので、ここでみる内容も、これまでの知識を前提にして進めていくことになるのですが、そのたびに復習していくことになるので、心配せずに読み進めていただければと思います。

図表44をご覧ください。これは「健全化判断比率」とよばれるもので、決算カード（14・15頁）の右下にある財政指標の欄の真ん中ぐらいに四行にわたって記されているものです。この健全化判断比率という指標が自治体の財政指標に取り入れられたのは2007年度の決算からで、そのきっかけとなったのが2006年度に発覚した夕張市の財政破たんでした。ここでは**図表44**の記述にしたがって、健全化判断比率の内容を理解していきたいと思います。

ここには四つの指標が記されています。それぞれの比率のカッコ内は言葉による説明で、その具体的な算式が下の囲みで示されています。

図表45　実質赤字比率（家計による理解）

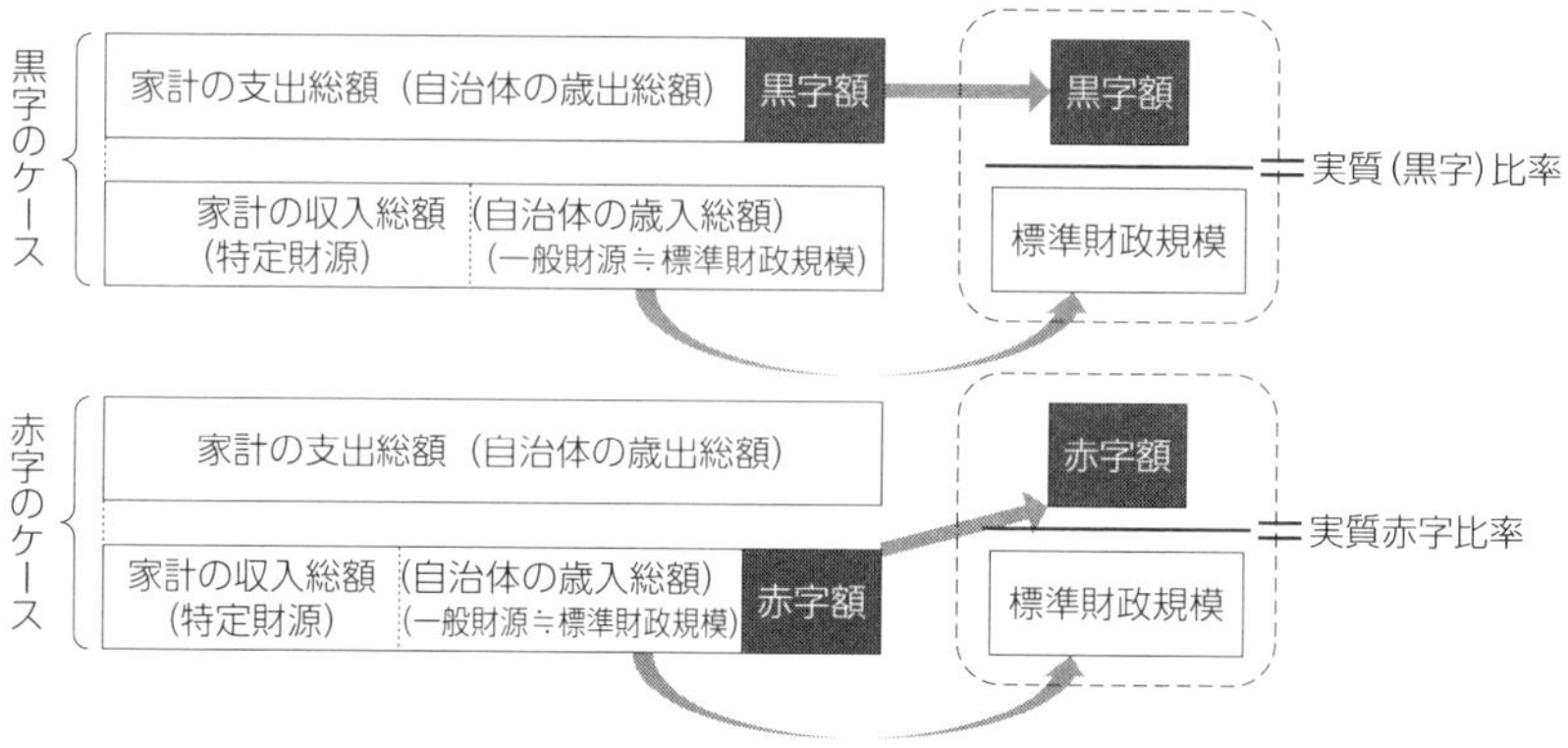

注：歳出総額と歳入総額の差は「実質収支」を表わすものとする。
出所：筆者作成

①は「実質赤字比率」です。これは「（普通会計の）実質赤字の標準財政規模に対する比率」となっています。ここでいう「実質赤字」とは、第4章で説明した実質収支の赤字のことにほかなりません。また、ここで新しく「標準財政規模」という言葉が出てきましたが、これはすでに何度も出てきている「一般財源」とほぼ同じものをあらわしています。ですので、実質赤字比率とは、「一般財源に対する赤字の割合のことなのだな」と考えればよいことになります。家計に例えれば、毎月の収入に対して発生している赤字の割合であり、それを図示すれば**図表45**のようになります。この図の上は実質収支が黒字のケース、下は赤字のケース（実質赤字比率が発生しているケース）をあらわしています。実質収支が黒字の場合についてはすでに第4章でみましたので、ここでは赤字の場合である実質赤字比率のケースをみておきたいと思います。赤字のケースの家計では収入総額に対して支出総額の方が大

きくなっています。そのため、この差額が家計の「赤字」ということになります。ところで、家計の収入総額のうち「一般財源」（≒標準財政規模）にあたるもの（給与や経常的な仕送り）のみを取り出し、これに対する「赤字」の比率をみたものが「実質赤字比率」です。第4章でみたように、ほぼすべての自治体では実質収支の赤字は発生していませんので、決算カードの実質赤字比率の覧に数字が入っている自治体はほとんどありません。

②の「連結実質赤字比率」は「全会計の実質赤字等の標準財政規模に対する比率」となっています。これは普通会計に含まれていない公営企業会計等の赤字を含めた「実質赤字等」が自治体の標準財政規模≒一般財源に対してどのぐらいの割合であるかをみるものです。これは先の実質赤字比率よりも赤字の範囲を公営企業会計等に拡大して財政状態をみようというもので、基本的な考え方は①と同じです。企業グループの連結決算と同じだと考えればわかりやすいでしょう。

③の「実質公債費比率」は「地方債元利償還金・準地方債元利償還金の標準財政規模に占める比率」となっており、何やらややこしそうですが、考え方はきわめて簡単です。これは臨時財政対策債のところでみたような地方債等の返済に際してその一定割合を後年度に地方交付税で措置する部分等を除き、自治体が標準財政規模≒一般財源に対して実質的にどのぐらいの公債費等をその年度に返しているのかをみたものです。単純化していえば、一般財源のうちどのぐらいを借金の返済に回しているのかをみたものが「実質公債費比率」ということになります。後にみますが、実質公債費比率における借金返済の範囲は普通会計・公営企業会計等に加えて、一部事務組合や広域連合と

いった「自治体が共同で設置した自治体」の会計まで含めています。

④の「将来負担比率」は「公営企業、出資法人等を含めた実質的負債の標準財政規模に対する比率」です。これは先ほどの実質公債費比率と似ているので、何が違うのかが一見したところではわかりにくくなっています。両者の違いは、実質公債費比率が「その年度の借金の返済額」（借金のフロー額）の大きさをみているのに対して、「将来負担比率」は「これから返さなければならない実質的な借金の残高」（＝借金のストック額）を把握したものです。ここで「実質的な」と書かれている意味は、自治体には財政調整基金をはじめとした積立金等があり、これが多いといくら借金があってもそれほど負担とはならないことから、このような積立金等を差し引いた純粋な借金の残高（＝実質的負債）であることを示すためです。この指標が大きければ、その自治体にとってはそれだけ将来返済しなければならない実質的な借金が多く残っていることをあらわしています。また、この指標の説明の中に「出資法人等を含めた」とありますので、これまでの三つの指標よりもさらに把握される会計の範囲が拡大していることがわかります。

図表46は、①から④までの各指標がカバーしている会計の範囲を示したものです。ちなみに、この図の左には「旧制度」とありますが、これが夕張市の財政破たん前までに使われてきたもので、普通会計では唯一「実質赤字比率」のみが自治体財政の健全化をみる指標として用いられていたことがわかります。[*2] 現在の「地方公共団体財政健全化法」にもとづく健全化判断比率は図の右の方に列挙されており、それぞれカバーしている会計の範囲がだんだんと大きくなっていることがわかりま

図表 46　健全化判断比率等の対象について

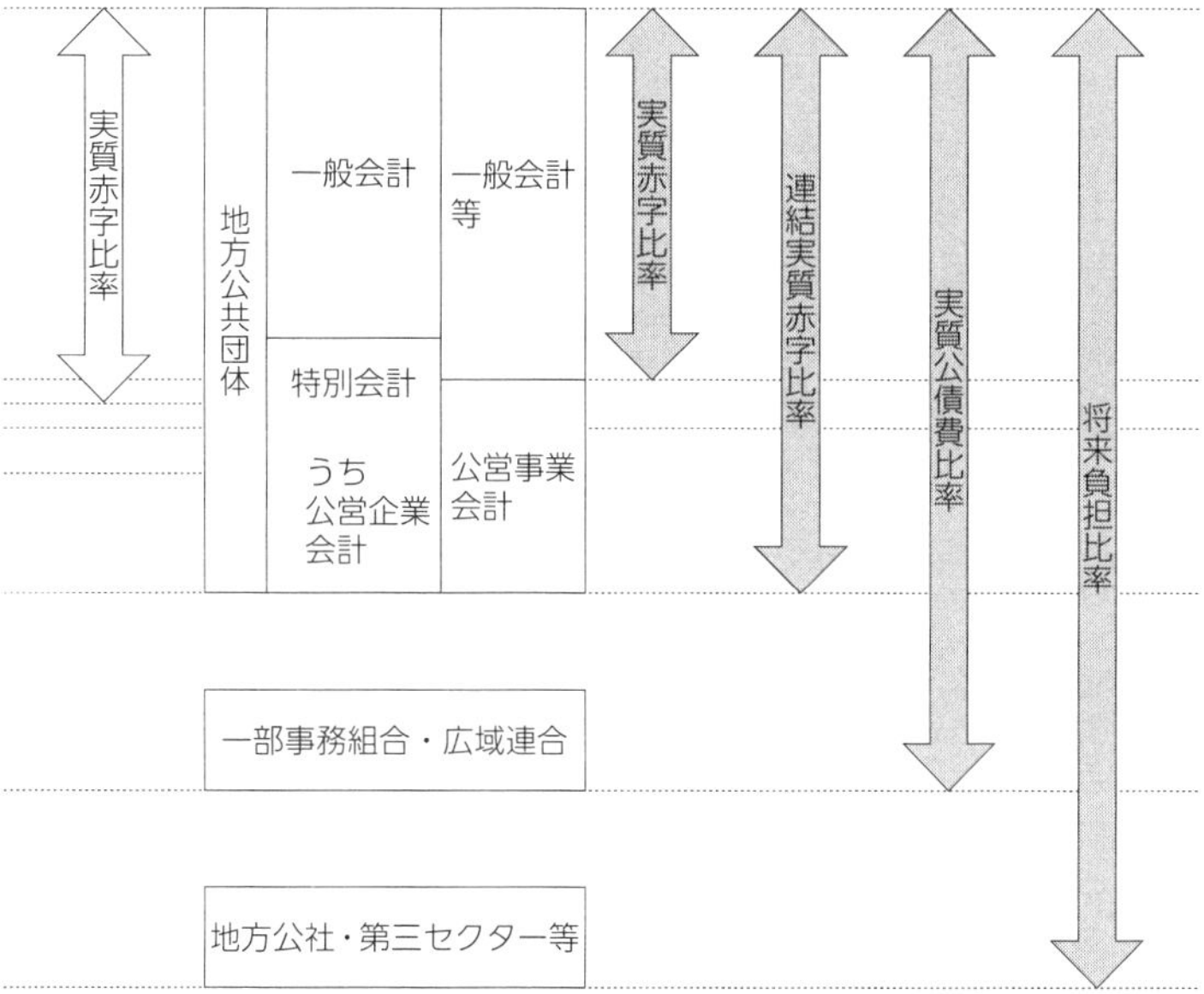

出所：総務省「健全化判断比率の算定」

す。ここまで会計を網羅されると、自治体は財政運営を表面上ごまかすことによって健全であることを見せかけることができなくなります。一例をあげれば、かつては普通会計の範囲である実質赤字比率を出さないために、公営企業に赤字を押しつけることによって、全体としての赤字体質を見えないようにするという財政操作が行われることも少なくありませんでした。現在もそのような抜け道がまったくないわけではありませんが、こうした余地はほぼ埋められてしまっています。

図表47には、健全化判断比率の具体的なラインとそれに関連した情報が示されています。この図で重要なのは、「早期健全化段階」と「再生段階」とい

図表 47　早期健全化基準と財政再生基準

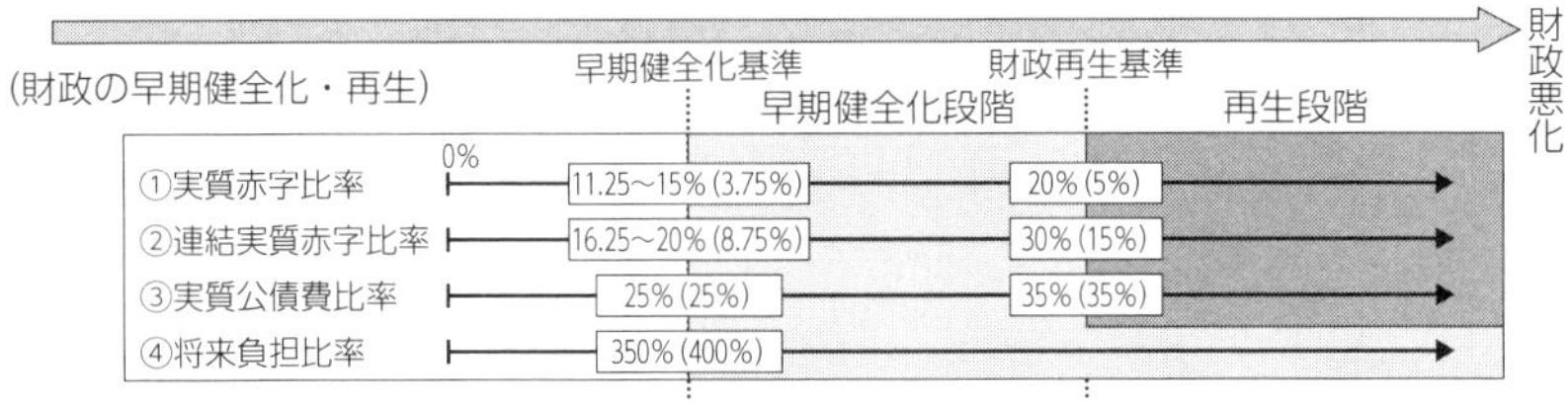

注：%の数値の（　）外は市町村、（　）内は都道府県の基準である。
出所：総務省「地方財政制度」

う二つの部分があることです。旧制度では、ここでいう再生段階（＝再建段階）しかなく、これが財政再建団体のラインでした。例えば「実質赤字比率」の「財政再生基準」をみれば、市町村で20％以上、都道府県で５％以上となっていますが、これは旧制度の財政再建団体のラインと同じものです。ところが、いまの制度の実質赤字比率においては、これに加えて「早期健全化基準」というものが新たに設けられています。そのラインは各指標とも「財政再生基準」の２分の１程度に設定されていることがわかります。

「早期健全化段階」は俗に「イエローカード」とよばれています。イエローカードとはいわゆる警告の段階であり、ただちに財政再生に取り組まなければならないということではないように思えます。事実、国の方でもこの段階は「自主的な改善努力による財政健全化」を行うところであるとしています。しかし、その内容は「財政健全化計画」の策定が義務づけられ、それを議会で議決した上で、その実施状況を毎年度議会に報告するとされています。また、この計画が達成困難であると認められるときには、国や都道府県が「必要な勧告」を行うとしており、これは実質的には「レッドカード」にほかなりません。つまり、２００６年度までの旧制度に比べて、財政規律がほぼ2倍厳しくなったということができるわけです。かりに、このような「早期健全化段階」での運用が普通に機能すれば、自治体の財政は決して「再生段階」にまで進まないことになりますので、あえていえば「再生段階」の基準は単には置かれているだけだとみなすことも可能だといえます。

これまで健全化判断比率についてかなり説明をしてきましたが、ポイントは「4種類の健全化判断比率」と「早期健全化段階」という二つの点にまとめることができます。これだけを押さえておいていただければ十分で、あとは必要に応じてそれぞれの指標を用いて財政をみていけばよいだけです。例えば、実質赤字比率は生じていないのに連結実質赤字比率が発生している場合には、公営企業等の経営が苦しくなっていることが示唆されます。また、将来負担比率が高ければ、その自治体にとっては今後も毎年度の借金返済額が大きい状態が続くことを意味します。このようなかたちで、健全化判断比率を活用することによって、自治体の財政をより広く深く理解することが可能になります。

最後に、現在唯一の財政再生団体（＝財政再建団体）となっている北海道夕張市の財政状況について紹介しておきたいと思います。*3

図表48は、２０１７年度決算時点における夕張市の健全化判断比率（実質公債費比率・将来負担比率）を示しています。実質赤字比率と連結実質赤字比率

図表 48　夕張市の健全化判断比率（2017 年度決算）

再生計画期間	健全化判断比率	
	実質公債費比率	将来負担比率
2009～2029 年度	73.5％	516.2％

出所：総務省

はいずれも発生していませんので、この表からは除外しています。夕張市の実質公債費比率をみれば、73・5％という数字が出ています。これは何を意味しているのかというと、一年間の夕張市の一般財源のうち実に4分の3が過去の借金の返済に回されているということです。これは普通の自治体では到底考えられないことで、このような状況が2029年度まで続く見通しだということはいかに深刻な状態に夕張市が置かれているかということを示しています。財政再建団体にいたるまでの夕張市は、普通会計の状態を他の会計との資金操作を通じて健全であるかのように見せかけてきたためにここまで深刻な財政悪化に陥ってしまいました。このような事態は他の自治体でも起こりえないとは決していえません。すべての自治体が心に留めておくべき事例だといえます。

4　自治体の財政危機と財政収支・財政指標

最後に、第4章と第5章でみてきた財政収支と財政指標を通じて、実際に自治体の財政状態をみる場合の基本的な道筋について述べておきたいと思います。

繰り返しになりますが、自治体の財政において一番大きな問題は「赤字」に陥ることです。ところが、これをあらわす健全化判断比率の「実質赤字比率」や「連結実質赤字比率」が発生している団体は少なく、たとえ発生していても早期健全化基準のラインには達していません。これだけをみれば、どの自治体も財政状況は問題ないということになってしまいます。しかし、多くの皆さんが感じられているように、現実の財政状況は厳しさをどんどん増しています。

　民生費が伸びている現在においてとくに注意しておくべきなのは、第4章で説明した毎年度の「黒字」である「単年度収支」が継続して減少していないかどうか、そして、そこから財政調整基金の繰入れ額等を除いた「実質単年度収支」が赤字を続けていないかどうかです。これとの関係で、財政調整基金の残高とその減少傾向を把握しておくことが重要です。これが継続して悪化している場合には、その自治体は早いうちに財政再建のための手立てを講じなければならないことを意味します。

　次に「経常収支比率」にも着目することが大切です。これが高いと、今後必要となる福祉サービス等の経常的な支出の増加に対応できなくなっていきます。もちろん、国が地方交付税等の増額をしてくれれば話は別ですが、そのような見通しは現時点ではきわめて厳しいため、自治体はそれを待っていられません。そこで、自治体は既存の経常的経費の部分を見直し、相対的に不必要であると判断できるものについては削減していくことが求められます。その部分を新たに必要となる公共サービス等へ振り替えることで、住民へのサービス水準全体を引き上げる努力をしていかなければなりません。さらに、今後の公共施設等の更新需要に対応するためにも、経常収支比率の引き下げは重要な課題となってくる可能性があります。

　「健全化判断比率」では、「将来負担比率」に対して注意を払っておくことが必要です。これは今後支払わなければならない純粋な借金の残高ですから、この数字が高いと将来にわたって歳出に占める公債費等の負担が大きいまま推移する可能性があります。それは他の公共サービスを抑制せざるをえないことを意味しますので、住民生活にとっては重大な問題となります。住民の暮らしの水準を低下させていかないためには、残っている借金をどのように管理・処理していくかを財政運営上の重要な課題とすることが求められます。

このほかにも、自治体の財政を診断するやり方はテーマに応じてたくさんあります。本書は「自治体財政の本質を理解してもらう」ことを目的としているため、歳入・歳出・財政指標等の中で説明を省いたものも少なくありません。しかし、これまでの内容で自治体財政をみる上での基礎は十分にできています。あとは、読者の皆さんが本書で学んだ自治体財政の基本をベースにして、個別のテーマに応じて必要な「枝葉」の部分を適宜活用すればよいだけです。大いに自信をもって、さまざまな財政問題に取り組んでいただければと思います。

注

1　交付団体・不交付団体の決定は単年度での基準財政需要額と基準財政収入額によって決まりますが、財政力指数の方は過去3か年度平均の数値であらわされます。

2　旧制度では、実質赤字比率が5%以上の都道府県、20%以上の市町村は法律に基づいた財政再建を行う「財政再建団体」の指定を受けなければ地方債の発行ができませんでした。これは自治体が借金をできないということを意味しますので、実質的に破産状態になることを示しています。そのため、過去においてこのラインにひっかかった自治体の多くは財政再建団体となって実質的に国の管轄下において財政再建に取り組むことになりました。

3　2017年度決算においては、早期健全化基準・財政再生基準を含めて、夕張市のみが健全化判断比率のラインを超えている自治体となっています。

第6章 これからの自治体財政のあり方

1 財政分析の「視座」の大切さ

自治体財政の基本については、これまでの各章の内容がすべてだといっても過言ではありません。おそらく多くの地方議会においては、本書の知識をマスターしただけで、議員さんの中でも最も財政についてきちんと理解しているメンバーになるはずです。繰り返しになりますが、この基本さえ身につければ、後はその知識を使って実際にさまざまな問題についてみていけばよいだけです。それを繰り返していく中で、自治体財政の知識はより確固としたものになり、周辺の情報も新たにどんどん取り込んで理解していけるようになります。「本当にそれだけで大丈夫なのか」と疑われる方もおられるかもしれませんが、そこは論より証拠で、当の私自身が実際にそのようにして財政分析をしてきたから間違いありません。

ところで、自治体財政の制度や内容がわかるということと、それを現実のいろいろな政策につなげていくということの間には、まだ少し距離があります。本書でも実際の自治体の事例を用いて若干の財政分析を行い、そこから政策方向を提起したところもありましたが、だからといってそれだけで財政分析を通じた行政改革について何でも論じられるわけではありません。

財政を分析する上で大切なことは、行財政をみるための「視座」をもっておくことです。この視座が将来の自治体の政策をどのような方向へもっていったらよいのかを考える軸となるものです。ただし、現実の政策を扱うのですから、その視座にはリアリティ（現実味）がなければなりません。現実からかけ離れた「理想」を追求することだけからは、決して有効な政策は導き出せず、かえって地域社会の混乱をまねくだけになってしまいます。例えば、「高齢者福祉が貧弱なのは国が悪いからだ。国にもっと補助金を増やさせなければならない」と地域や自治体で言い続けていても、現時点では事態はどんどん悪化していくだけの可能性が濃厚でしょう。それを実現するためには政権を変えるしかないので、地域のことを細々とやっていてもダメだから、とにかく国政選挙に注力しようなどという極端な意見にもつながりかねません。しかし、現実の地域での住民の暮らしは待ってはくれないのです。暮らしの向上のために、できることを着実に推し進めていくことを看過してはならないのです。

現実を理解し、そこに自分の理想を組み込み、そこからリアリティのある政策を考えることこそが、自治体政策に取り組む際に最も重要なことです。そのような自治体によるリアルな実践こそが、日本社会をこれまで切り拓いてきたのです。これは日本の大きな特長で、福祉施策にせよ環境施策にせよ、自治体が地域の現実を直視して、そこから実際に創造的な政策を展開してきたものが、後に国全体の制度として広がっていきました。これは現在でも同様で、例えばここ数年における自治体政策の柱となってきた地方創生事業についても同じです。試しに、国の地方創生関連のホームページを開いてみてください。そこには各自治体の先駆的な実践例が並べられているだけで、国のいうことに従って取り組んだ結果として大きな成果のあがったものなど多くありません。国が最初からメニューを用意して自治体が取り組んだものではなく、自治体や地域による創造的実践こそが日本社会の将来を拓くのです。そして、このときに行われる政策にリアリティを担保するための最大のカギが「財政」にほかなりません。

2　抑制される一般財源の予測

すでによくご存じのように、日本社会は急速に人口減少と高齢化が進んでいます。この傾向を押しとどめることは不可能だとみるのが合理的な考えです。よく「少子化対策をとれば人口が回復する」という話も耳にしますが、いまの日本で出生率が上がったとして、そもそも子どもを生む世代の人口が大きく縮小していますので、子どもの数自体はどんどん減ってしまうのです。また、これからは外国人住民の数が増えてくるのは間違いありませんが、それでも日本の人口減少をカバーするだけの増加を見込むのは現実的ではありません。国際的に労働力移動が激しくなっている中で、わざわざ日本で働くために来る外国人の方がどれだけおられるでしょうか。自国の高齢者の暮らしを維持することもままならない日本において、外国人の暮らしを支えるための社会保障や教育を充実させられるとも思えません。言語や社会の「壁」もそこには大きく立ちはだかっています。

人口変化は自治体財政にも直結してきます。本書で学んだ知識を使って少し説明してみたいと思います。

自治体の歳入の中心は「地方税」と「地方交付税」という一般財源でした。市町村についてみれば、地方税は市町村民税と固定資産税が大部分を占めていました。市町村民税の多くは個人の所得から支払われる「個人分」でした。これは主に住民が働いた所得の中から生み出されるものですから、高齢化が進んで労働力人口が減少すれば、市町村民税も必然的に少なくなってしまいます。固定資産税についても、人口が減少すれば不動産の必要性は下がり、地価も低下してきます。そのため、固定資産の価値から生み出される固定資産税も減ってしまうことになります。

地方交付税については、基準財政需要額（＝ペットボトル、31頁）の話を思い出してください。この基準財政需要額の大きさは国が見積もっているもので、現実の自治体における財政の必要額ではありませんでした。では、国はどのような指標によって自治体の基準財政需要額の大きさを決定しているのでしょうか。実はこの大きさの7割ほどは人口によって決まっています。これはある意味では当然で、国全体の税金を各自治体へ配分する場合に、人口以外の指標では政治的合意が得られにくいのです（例えば面積の大きさによって税金を配分するようなケースと比較してみてください）。ということは、人口が減少すれば自治体の基準財政需要額も小さくなり、そこへ配分される地方交付税も少なくなることになります。

これらのことからもわかるように、人口が減少すれば、自治体の「自分の財布のお金」である一般財源が縮小してくることになります。ここで「国の無駄づかいをなくせばいい」などという議論が行われることがありますが、たとえそれが正論であったとしても、巨大な政治行政機構がそんなに簡単に変わることなどありえません。そのような「正論」を言っている間に、地域社会を支えるべき自治体財政の危機は進行していってしまうのです。

例えば、自治体の民生費は毎年度どんどん増えていきます。その6割は自治体の一般財源でカバーされています。本来は、民生費の伸びに合わせて国が措置する一般財源が増えなければならないのですが、国はそれを「今年度の一般財源は対前年度並みを確保した」などといって抑制しています。これは自治体からみれば、実際には一般財源が削減されていることを意味します。

将来のことは誰も正確に予測できませんが、少なくとも現行制度を前提とすれば、今後の自治体の一般財源は縮小していく可能性が高いといえます。これは、一般財源の絶対額が下がるという意味だけでなく、民生費などの必要な経費の伸びに一般財源の増加が追いつかないという点も含んでいます。たとえ一般財源の絶対額が維持されたとしても、現実の歳出の伸びに対応するために必要な一般財源が増えるとはほぼ考えられなくなっています。

このような現実からは誰もが目を背けたくなるものです。議会でこうした状況を前提とした議論をすることは、住民に対するサービスを削ることに焦点をあてることにならざるをえなくなります。そのため、議員という立場からはこのような議論を避けたくなるのは当然のことでしょう。ましてや、一般の市民がこうした議論を行うことには相当高いハードルがあります。やはりどこかで自治体の政治と行政が事態を正しく見据えた取り組みを進めていく以外にないのです。

3 「小さな自治体」と「大きな自治」

それでは上記のような近未来の姿を前提とする場合、私たちはどのような自治体運営をしていけばよいのでしょうか。筆者はそのカギとなるのが「小さな自治体」と「大きな自治」であると考えています。その意味と理由は次のようなものです。

自治体と市民社会（自治組織・企業等）との関係は原理的な点でつながっています。人間はもともと自治体などがないところから共同生活をいとなんできました。それは人間が本来的に高度な社会的動物であるからです。この共同生活の単位が「市民社会」です。市民社会の中で各人はそれぞれの役割を果たし、その一員（仲間）として暮らしてきました。そのために、それぞれの市民社会ではさまざまな決まり事や慣習が共有されます。かつては、この市民社会は地域社会そのものでした。市民社会の規模が徐々に大きくなり、その仕組みが複雑になってくると、これを統括する専門的な人材や施設などが必要となってきます。これが自治体という専門機関の原点です。自治体は住民から信託を受けた専門機関ですから、市民社会の意見を絶えず集めて現実の施策に反映させることで、その正当性を確保していかなければなりません。また、市民社会はそのような自治体の動きを絶えずチェックしなければならなくなります。このように自治体と市民社会が必要な役割分担を行いながら、地域社会全体を維持・発展させていくための実践が進められていくことになったのです。つまり、自治体と市民社会とは相互に依存し合いつつ、それぞれの役割を果たすことで、全体の地域社会のために動いてきたわけです。

このような原理的な関係を前提にして、現実の自治体と市民社会との状況を考えてみたいと思います。**図表49**の左の部分は、現在の自治体と市民社会・地域社会の関係をあらわしたものです。自治体の一般財源をはじめとする財政規模が絶対的または相対的に縮小するとすれば、将来の自治体の規模は小さくなります。**図表49**の真ん中（小さな自治）および右（大きな自治）の部分の自治体

図表49 「大きな自治」のイメージ

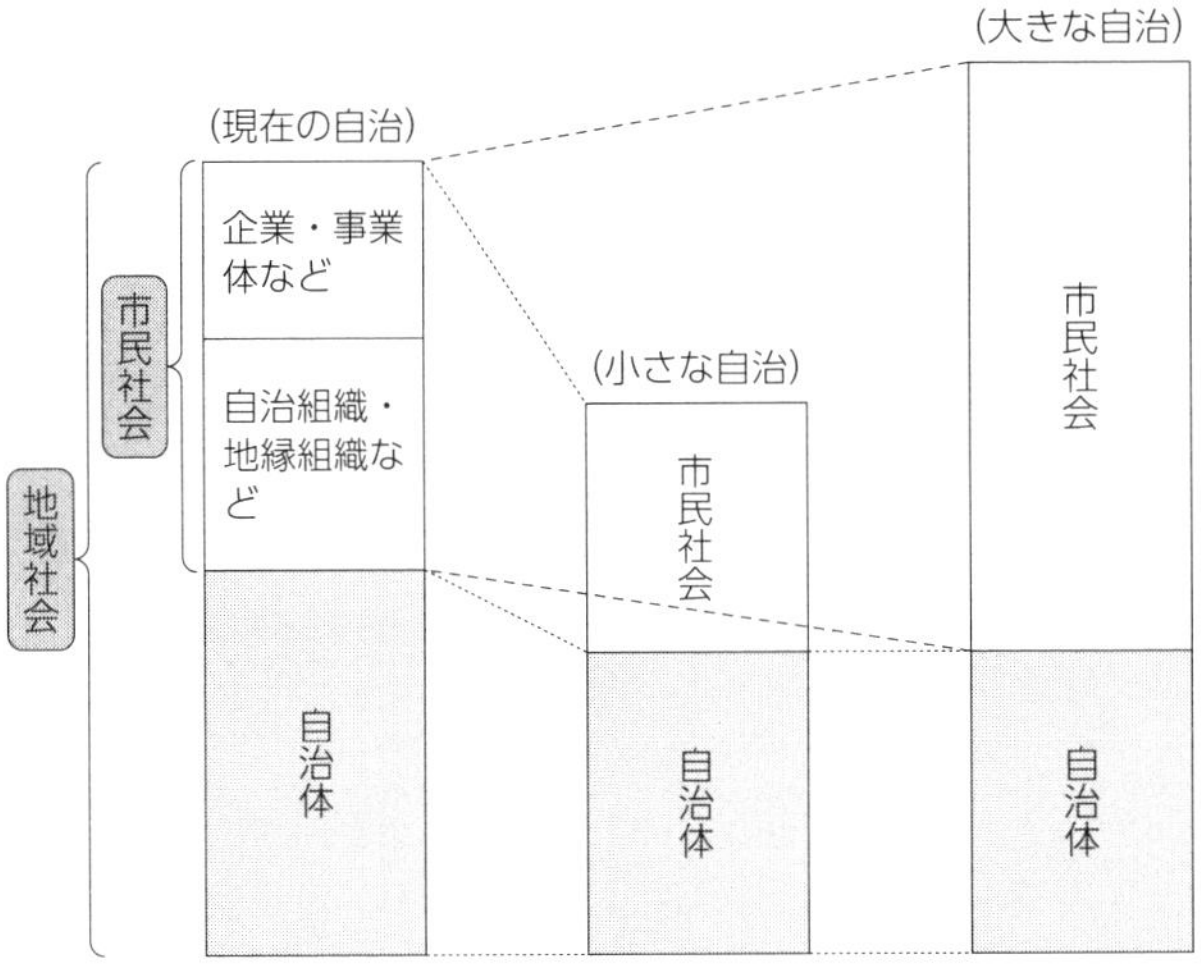

出所：筆者作成

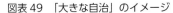

の大きさがそれを示しています。

しかし、これに対して市民社会の方は相対的に独立した変化を行うことが可能です。「小さな自治」の場合には、自治体の縮小に呼応するかのように市民社会も小さくなってしまっています。一方で「大きな自治」の場合には、市民社会は現在よりも大きくなっています。その結果、「小さな自治」の場合には地域社会そのものが縮減していますが、「大きな自治」の場合には現在よりもかえって地域社会は大きくなっています。この大きくなった地域社会のイメージは、必ずしも人口が増えたり、企業の利益が大きくなったりしていることだけを意味しているものではありません。そのような尺度で測った規模そのものは小さくなっていても、そこでの相互の信頼関係や協力関係が強固なものとなって、地域社会を支えているという意味も含意しています。私たちが地域で、ゆたかな生活をいとなんでいく上で、「小さな自治」よりも「大きな自治」のような地域社会の方が望ましいのは間違いないでしょう。

この「大きな自治」の方向性は、自治体の公的責任の放棄とはまったく違います。ここのところが重要です。自治体、住民団体、企業などはそれぞれの行動原理をもっています。例えば、自治体は公平性を行動原理にしており、その財政活動は安定性をもっています。住民団体や企業はそれぞれ地域性・特殊性や営利性に基づき、機動的には行動できますが、公平性や安定性には欠けます。市民社会は仲間みんなで暮らしていく空間ですので、公平性や安定性は不可欠です。しかし、いまのような個々の住民に寄り添った取り組みの必要性が大きくなってきている中では、住民団体や企業の力をそちらへ振り向けてもらう必然性も増大しています。防災についても、自治体は公平で安定した対策を講じることが必要な一方、実際の災害の取り組みについては住民団体等の役割も大きいといえます。このように、「大きな自治」を支えるためには、自治体はその担い手としてさらに成長することが必要となります。それを相対的に縮減していく中で取り組んでいくわけですから、自治体そのものの自治能力の発達は必須となっているのです。

このような将来像は、今後の自治体財政の運営のあり方に関しても視座を与えるものです。自治体はたとえ規模が小さくなったとしても、「大きな自治」をつくりあげるような行財政施策を展開していくべきだという示唆がそこにはあります。例えば、不要となった公共施設の運営・管理そのものを地域住民へ委ね、地域住民はそこを拠点にしてさまざまなコミュニティの取り組みを展開していくことで、地域福祉に対して積極的な役割を果たすというようなことです。また、企業がさまざまな社会貢献活動を通じて、市民社会を支える機能を大きくしていくことも重要であり、そのためのプラットフォームを自治体が準備するということもありえます。市民と企業が協力して子ども食堂を運営し、それを自治体が財政的にバックアップするというのは、まさに「大きな自治」を創るための典型的な実践であるといえるでしょう。

逆にいえば、このような「大きな自治」を積極的に創り出そうとする行財政運営が展開できなければ、図の「小さな自治」のように自治体も市民社会も収縮していき、地域社会そのものが劣化することにつながるでしょう。

地域社会の未来は自治体の今後のあり方にかかっているのです。そのことを視座においた財政運営を考えていかなければなりません。

4　自立的な地域社会の創出——巨大システムへの依存から脱却する

これからの自治体財政の運営を考える上でもう一つ大事な点は、これまで日本の自治体が前提としておいてきた国の巨大な政治経済システムへの依存から脱却していくという視座です。国の政治や経済が安定している時代においては、自治体は国の制度や方針に則って行動しても大きな支障や混乱は生じません。しかし、現在のように政治も経済もきわめて不安定になっている時代には、国のシステムに依存することは地域社会にとってリスクが大きくなります。それは「国が転べば、自分たちも転ぶ」という状態を招くことになるからです。自治体はもともと地域社会の将来について責任をもって統括する専門組織ですから、「たとえ国が転んでも、自分たちは転ばない」という自立した意識で行財政を運営しなくてはならない存在です。この原則は、政治も経済も世界的に混迷している現在において、各国の自治体共通の課題になっている点でもあります。

例えば、長野県飯田市は2000年代初頭から「経済自立都市」を目指し、地域内の経済循環や移出産業の育成に対して粘り強い取り組みを展開してきました。同市が現在最も力を入れているのが航空宇宙産業クラスターの事業で、その主力は地域の企業集団です。地元企業も市民社会の一員であるという立場から、飯田市という地域社会の自立的な経済構造をつくるために懸命な努力を行ってきました。それに呼応して、周辺自治体、長野県、国、信州大学などがそれぞれの立場から協力して、この取り組みを支援しています。

この間に全国で広がってきた市民共同発電所の実践も巨大システムからの脱却の取り組みです。既存の巨大電力体制に依存するのではなく、自分たちのもつ自然エネルギーを活用し、電力の地産地消を行うことによって、外部へ流出していた電力料金を内部へとどめ、それによって地域経済の循環を展開していこうという思想がこの背景にあります。それは既存の電力システムだけでなく、巨大経済システムから自立をはかっていく試みであるといえます。

このような巨大システムからの脱却の事例は、スローフードや商店街活性化の取り組みも同様です。いずれも、全国展開する巨大スーパーという経済システムに抗して、地域社会における経済の共同空間を守ることで、経済的自立を推し進めるという運動として位置づけられます。

このような巨大システムからの自立は「大きな自治」をつくることと表裏一体です。「大きな自治」を創出しなければ、地域の自立した社会経済構造を生み出すことはできません。逆に、自立的な地域社会をつくろうとする営為は、そのまま「大きな自治」を育てる施策へとつながっています。

地域社会の自立という視座も、これからの自治体財政を考える上で重要なテーマとなっているのです。

あとがき

本書は、ここ数年間に筆者が行ってきた自治体財政に関する講義や講演などをベースにして書いたものです。地方財政や自治体財政に関する本は数多く出版されています。各自治体のホームページなどでも財政に関する情報や解説はかなり積極的に公開されるようになっています。このような中で、筆者が本書を出そうと考えたことにはそれなりの理由があります。

筆者がこれまで学生や議員・市民の皆さんに対して地方財政や自治体財政の話をしているときに、自分でもうまく伝わっていないと感じることが何度もありました。例えば、毎年度の予算が決まる頃には、その内容に関する話をすることが多くあります。しかし、そこで実際に伝わる内容といえば、「地方交付税が増える」「福祉の予算が削られる」「防災の予算が増額される」などといった財政の現象面だけであって、それらがどのような財政の制度や仕組みを通じて変化するのかをうまく伝達することがほとんどできなかったという印象がありました。その一番の原因は、これらの財政現象を根本から理解するために必要な「自治体財政の本質」について、私自身の話の内容と聴き手の理解度の両方において不足していたことにあります。

実は、このような気づきについては、筆者と長年お付き合いいただいている元市議会議員の方の助言によるところが大きいものでした。彼は筆者の自治体財政の話を聴くたびに、議員という立場からその内容が現場のニーズといかにかけ離れたものであるかを率直に指摘し、改善のための具体的なアドバイスを提示してくれました。議員や市民の方からそのような率直な感想を直接言われる経験がなかった筆者にとって、彼の意見は本当に勉強になるものでした。本書が類書にないオリジナル性をもっているとすれば、それは彼のアドバイスによる部分が非常に大きいと思います。

また、本書ではそれほど紹介できませんでしたが、筆者が紹介する自治体の取組の事例やその意味については、筆者が議員、自治体職員、市民の方々からいただいた質問や意見が元になっているものが多くあります。本書で取り上げた新潟市の財政問題については、数年前に市会議員の皆さんから依頼された新潟市財政の分析がベースになっています。もしそのような依頼がなければ、筆者が新潟市の財政について調べることはなかったかもしれません。このような依頼をいただいたからこそ、そこから得られた有益な情報を多くの方々にお伝えすることが可能となっているのです。こうした依頼や質問は、自治体現場に直接的な身を置いていない筆者にとって、貴重な情報をキャッチするチャンスにほかなりません。

今回も自治体研究社には出版の労をとっていただき、本書を世に出すことができました。本書がその恩義に少しでも応えているものになっていれば、筆者の責任の一部は果たせたといえます。あとは、できるかぎり多くの読者の方が本書での「自治体財政の本質」を武器にして、議会や地域での活動に取り組んでくださることを願うだけです。

２０１９年12月

森　裕之

[著者紹介]

森　裕之（もり・ひろゆき）

1967年大阪府生まれ。大阪市立大学商学部、同大学院経営学研究科後期博士課程中退後、高知大学助手。その後、高知大学専任講師、大阪教育大学専任講師・助教授をへて、2003年から立命館大学政策科学部助教授。2009年より同教授。

財政学とくに地方財政と公共事業を専攻。また、社会的災害（アスベスト問題など）についても公共政策論としての立場から考察。

主な著書

『初歩から分かる総合区・特別区・合区』（共著）、自治体研究社、2017年

『公共施設の再編を問う――「地方創生」下の統廃合・再配置』自治体研究社、2016年

『大都市自治を問う――大阪・橋下市政の検証』（共編著）、学芸出版社、2015年

『2015秋から大阪の都市政策を問う』（共著）、自治体研究社、2015年

『これでいいのか自治体アウトソーシング』（共編著）、自治体研究社、2014年

『検証・地域主権改革と地方財政――「優れた自治」と「充実した財政」を求めて』（共著）、自治体研究社、2010年

『公共事業改革論――長野県モデルの検証』有斐閣、2008年

『財政健全化法は自治体を再建するか――事例でみる影響と課題』（共編著）、自治体研究社、2008年

『地方財政改革の焦点　新型交付税と財政健全化法を問う』（共著）、自治体研究社、2007年

『検証「三位一体の改革」――自治体から問う地方財政改革』（共著）、自治体研究社、2005年

市民と議員のための自治体財政
――これでわかる基本と勘どころ

2020年1月20日　初版第1刷発行
2023年3月31日　初版第3刷発行

著　者　森　裕之

発行者　長平　弘

発行所　㈱自治体研究社
〒162-8512　東京都新宿区矢来町123　矢来ビル4F
TEL：03･3235･5941／FAX：03･3235･5933
http://www.jichiken.jp/
E-Mail：info@jichiken.jp

ISBN978-4-88037-705-6 C0033

印刷・製本／モリモト印刷株式会社
DTP／赤塚　修